梦里的空间有好多层，我们喜欢梦中情人的理由只是落到靠上面的几层；而最深的那一层，总是和现实中迷恋的人有关。

——牛曼

The Best Time

Never

Comes Back

最好的时光不再

南方人物周刊——编

新星出版社 NEW STAR PRESS

总序：有灵魂、有温度的人生

万静波 _《南方人物周刊》常务副主编

《南方人物周刊》三个知名专栏“逝者”、“异人”与“梦中情人”要出精选集，借此机会，我想说几句相关的话。

先说“逝者”。

这应该算是《南方人物周刊》最知名的栏目吧，年头最长，投稿者也最多。最早的雏形版叫“怀念”，那时还未创刊，杂志主编、创始人徐列就谈到要办一个纪念亡者的栏目，而且放在最后一页，取其“有始有终”之意，没想到这一办就是整整十年。

在中国这样一个缺乏宗教传统，又深受儒家思想“未知生、焉知死”观念浸润的国家里，如何面对死亡、正视死亡，殊非容易。

早些年，我曾有机会背着行囊在美国大地壮游。飞机火车大巴，一路穿州过府，最爱看的地方有三类：教堂、大学和墓地。大学决定了一个国家的头脑，教堂决定了国民的精神气质，墓地则直接体现出对生命的态度。中国文字中有所谓“墓门已拱”、“墓草春深”，形容墓地之荒凉寂寥，这样的场景在美国大致是看不见的。美国的墓地，没有高大的墓碑，不讲八宝山式的级别，也没什么规格，就是一片面积大致相当、高高低低或竖或躺的石条，不壮观，有的也许就是比脚踝高几寸，勉强说起来，也可以叫墓碑吧。石头除了写上死者名字、生卒年月外，一般还会有一两句话："Tom 和 Mary 的爱子"、"我永远爱你"、"这里躺着一个追求自由的灵魂"、"他曾为国效力"等，以寄托生者的哀思与怀念。

这是在基督教熏陶下美国人平等观念的最直白体现：不管你生前是贵是贱，在死亡面前，一律平等。区别和差异，只在墓碑上的那几句评价，那是价值观和私人情感的凝练呈现。这种差异，就叫文化。《纽约时报》著名版面"讣闻"，由受过新闻职业训练的记者，查访资料，采访死者亲友，以克制之笔，简练描述亡者一生。好的讣闻，甚至有传诵万口的动人力量。

《南方人物周刊》设立"逝者"栏目，其用心也在于此。我们希望来稿不要总是"为尊者讳"，也别总是"歌德派"，不管是一生得意的帝王将相，还是平凡至极的贩夫走卒，不管生前有没享受过尊严和自由（在中国，这是多么奢侈的待遇啊），至少在这个小小栏目里，版面的大小、字数的多少，是完全平等的。我们也不想文章总是写"恩情难忘"，更希望看到逝去的这个人过了怎样的一生，开心还是倒霉，怎样得到快乐，又怎样面对厄运。总之，希望看到一个有灵魂、有温度、真实地活过一场的独特人生。

取法乎上，仅得其中。不管怎样，作为历时最久的栏目，投稿者可谓最为稳定，普通人居多，也有名家，文章质量也保持着一贯的水准，算是初步实现了目的。

再说"异人"。

某种程度上，这个栏目的设置，是受到老外刺激的结果。

“异人”迄今已向读者介绍了数百个精彩纷呈、敢想敢为的异国人物：徒手攀爬世界超高建筑的“蜘蛛侠”，怀揣未遂的从军梦想、把坐骑改造成军用坦克的军事爱好者，用火柴头拼搭泰姬陵的创意手工者——这些活得汪洋恣肆、我行我素、让人羡慕的家伙，其实都是些普通外国人。

这当然不是说大多数普通中国人就不懂生活乐趣，不会挑战庸常人生。不过，对比满大街随着《最炫民族风》起舞的广场大妈；只会“上车睡觉、下车撒尿、停车拍照”的跟团游客；毕业不久便背上沉重房贷省吃俭用咬牙还月供的年轻人，那些有趣有料、有独立人格意志的中国人之少，确实是令人难堪的现实。中国人的游戏精神不强，寻找乐趣的本能很弱，往深里说，在一个长期奉行集体主义、迄今仍在提倡中庸之道的社会环境里，要想培养出独立人格和万水千山我独行的独特气质，难啊！

四十多年前，安东尼奥尼等极少数外国人被允许来到中国旅行访问，他后来评论中国说，“这是一个蓝色蚂蚁的海洋”。意谓中国人亿人一面，全穿蓝色工作服。四十年后，蓝色工作服是脱掉了，在服装色彩和样式上已和国际接轨，但我们心里的蓝色中山装，那五个纽扣还牢牢扣着。

希望以后会有中国异人、越来越多的中国异人，走进这个栏目。

最后是“梦中情人”。

这个栏目是编辑部年轻人的自由创造，随着这个栏目的诞生，我很高兴地见证了年轻一代记者编辑的成长。

在我的成长年代里，哪里会有“梦中情人”一说。美人哪个年代都有，王心刚、陈思思、李秀明、张瑜，算是20世纪七八十年代早期的男女偶像吧（如果那时有偶像这个词的话），但性感和性，却想都不敢想。1979年出品的电影《甜蜜的事业》里，李秀明有一段著名的戏——爱慕她的男主人公和她追跑，春情萌动。这场戏被处理成一组略带夸张的慢镜头，因其中的暧昧情爱色彩，还激起了热烈讨论。在这样的背景下，一切与身体、欲望有关的情爱想象，都不能公开言说，也许连“梦中”都不能存在吧。

从这个角度说，“梦中情人”能成为一个被正大光明公开叙述的脱敏词语，确实彰显出时代的进步。在80后甚至90后作者笔下，他们的“梦中情人”对我来说有些是那么陌生（几乎未曾听闻的电视剧和演员），有些是那么不可思议（有个女作者的梦中情人居然是一部日本漫画的男配角）。对此，我和我的60后、70后同事，总是报以轻松一笑。我们这一代在石头缝里和盐碱地上踉跄至今的媒体人，乐见其成。

落笔的此刻，《南方人物周刊》正筹备庆祝它的十岁生日。创刊那会儿，我儿子还没出生，现在，他已是足球场上的追风少年。这是天翻地覆大时代下的十年，中国的十年，也是读者和周刊同人的十年。有时忍不住会想，在这样一个春风沉醉和暴风骤雨混杂的时代之夜，还有没有人愿意读书，还有没有人在读到微妙处时，会陷入沉思，或展颜一笑？且不去管它吧。劳动者自会从挥汗耕作中得到乐趣，那些心有灵犀的读者，也自会感觉到一丝温暖与默契。

2014年6月3日深夜

目录

那时年少

再见青春

灵魂的香气

永远的男神

不敢忘却

历尽浮生

序一：我们和我们的梦中情人

黄佟佟

好几年前，《南方人物周刊》的美女编辑翁倩给我打电话，说她们杂志新开了一个栏目叫“梦中情人”，约我写第一篇……我心里明白那是因为我花痴名声在外，全世界都知道我爱一个男明星爱得无法自拔欲嫁之而后快——不是不惭愧的，少女时代的我没有爱上高端的梁朝伟，痴迷的只是八十年代 TVB 五虎将里最名不见经传的那个男人——可是我也没办法，谁让春心萌动时第一眼看到的是他呢？长身玉立，一袭白袍，眼睛狭长，嘴角含情，似嗔非嗔，生命中第一个遇上的坏男人——可我一点也不后悔，就是他了！张奶奶说的，爱就是不问值不值得。

小狗出生时睁开眼看到的第一个活物就是妈妈，少年第一次心跳的引擎就是“梦中情人”。他们之所以成为我们人生中一个最特别的存在，也许纯粹是因为在我们需要他们的时候他们刚好出现。于是，十年砍柴爱上了陈晓旭、绿妖爱上了 Beyond、闫红爱上了周华健、小茶官爱上了佐罗、韩松落爱上了孟庭苇、马家辉爱上了张爱玲、何小竹爱上了张曼玉、史航爱上了周迅、潘采夫爱上了邱淑贞、洁尘爱上了王心刚、高群书爱上了乌玛·瑟曼，邱大立爱上了梅艳芳……相遇是如此猝不及防，直击心脏，程青松代我们写出了所有第一次邂逅的震动：

“在黑暗中，一道光投向银幕，我看见龚雪。银幕上的她，宛如女神，美丽多情，目光温柔而坚定，她似乎了解我全部的困苦，了解我全部的忧伤，能给我全部的安慰。”

是的，那个时候我们的梦中情人，似乎永远只能是纸上的银幕上的磁带上的人，他们存在于遥不可及的远方，却来到了我们的心房，他们就是我们黑暗晦涩忧伤漫长的青春期里必须要遇到的那个人——那个我们当时以为可以搭救我们的人。他们似乎无所不在，又无所不能，只有他们才能治愈我们的伤痛，只有他们才会知道我们的迷惘。他们温柔殷勤地探问我们那颗脆弱易伤的小心脏（“告诉我，你曾失去太多，告诉我，你也害怕寂寞”）；他们纵声高歌亮烈无双（“把思念寄托远方，愿你无恙，谁会记得我们一起分享青春的天堂”）；他们无言鼓励血脉偾张（“风雨里追赶，雾里看不清影踪，天空海阔你与我可会变”）；他们在我们耳边浅吟低唱（“我怀念，怀念往年，外貌早改变，处境都变，情怀未变。”）——他们是命运第一次赐予空虚少年的活命之水，是青春刀口上舔到的第一口爱意绵长。

我们为他们痴狂，给他们写信，写诗，抄下他们的话，在暗夜里为他们辗转难眠，欲火焚身。我们咬着被子发誓：啊，你不要变老，等我长大，我就去嫁给你……也许不是只有我们，一代又一代的年轻人，可能都会在这样的激情里长大，长大，长大……一直长到开始不相信偶像，开始嘲笑自己的幻想，开始冷落那放在枕边的照片，开始真实的恋爱……

我们离开了他们，我们上学，我们毕业，我们找工作，我们失业，我们失恋，我们结婚，我们离婚，我们幸福，我们悲伤，我们辗转，我们飘零，我们绝望，我们失去，我们成熟……我们最终变成了人群里最不起眼的那一个……可是，没有关系，总有一天，你会在某个无所事事的下午想起他们，想起你为他们做过的傻事，想起你当初遇见他们时的狂喜，想起与他们分道扬镳后经历的一切。你开始有点惆怅，你明白最好的时光已然不再，最爱的那人早在远方，你唯一确定的一件事是他们还在，一直活在你内心某个最幽深的角落，给你安慰，懂你心伤——你突然觉得有点幸福。

“还记得年少时的梦吗？像朵永远不凋零的花。”

你拿起了笔，开始写一封给他们的信。

——嘿，这么多年过去，你现在还好么？

序二：美哉，少年

韩松落

少时看过一部戏曲电影，名叫《李慧娘》，女主人公陪贾似道游湖时，看见美少年裴舜卿，不由自主赞了一声“美哉少年”，于是被杀，成鬼，复仇。这个故事打动我的，不是人们给它添加的家国大义，而是那种原始的强烈的对美的渴慕。

每个人都有自己的裴舜卿，每个人都有心头一颤的刹那，配以一声“美哉少年”。在香港左翼电影里，看到夏梦、朱虹、石慧、陈思思、鲍起静的时候；在邵氏武侠片中，初识狄龙、姜大卫、王羽、刘家良的瞬间；在台湾爱情文艺片里，为林青霞、林凤娇、吕秀菱、江青、秦祥林、云中岳倾倒的时候；在香港电影的黄金时代，被钟楚红、张曼玉、夏文汐、翁美玲、叶蕴仪、周润发、梁朝伟、刘德华、苗侨伟拖入迷恋深渊的年月，“美哉少年”一定曾换了面貌，换作各种方言，无数次出现。

如果当日站在贾似道身边的，是我们中的任何一个人，而他们碰巧从湖上经过，我们大概也会冒死叹一声“美哉”。所谓“一见狄姜误终身”、“一顾惜朝误终身”，大致如此——见到他们的那一瞬间，我们都死定了。

所以，当《南方人物周刊》“梦中情人”栏目向我约稿时，我毫不犹豫加入其中，并为我的梦中人被别人写掉而耿耿于怀。这分明是一部“美哉少年”大合唱，且毫无生命危险。更重要的是，所有合唱者，都会在此时此刻袒露灵魂。当黄佟佟写到苗侨伟，潘采夫写到邱淑贞，当史航说起周迅，李宵峰说起林青霞，当所有人谈起他们的梦中人，都仿佛城门洞开、营房失守。老江湖低下头，低成小白兔；钢铁战士中了化骨掌，化成绕指柔。我们貌似望向梦中人，其实只是互相照见。过往岁月中，灵光跃动的时刻，在那一瞬间融会。

为什么有些人会成为我们的梦中人，让人一见倾心、多年不忘，会让我们像《一个陌生女人的来信》中的女主人公那样，甘心将自己的生活颠覆？心理学家会告诉你，他们是你的阿尼玛或阿尼姆斯；或者，在相貌上和我们有相似之处，是我们的升级版，让我们产生“生物裙带”式的亲近感。灵异的解释是，他们是我们的前世乡愁，和我们此生之前的某段经历、某个人，有种相似。

事实上，我们对他们的感情，没有什么道理可言，且比我们愿意承认的还要多。李慧娘和裴舜卿，只有短暂照面、刹时惊艳；我们的梦中人，却都在漫长的遥遥注目中，成了我们的终身伴侣。他们的美，之所以能最终铸成，仅有一时倾心是不够的，还得加上彼此在岁月里的遭逢、沧桑、荒凉、衰老、生死。梦中人真正的职责，在于和我们互相印证、互相见证。

经历过生死考验的罗慧娟，比青翠明艳的罗慧娟，更像我们的梦中人；被疾病折磨的刘家辉，比金身罗汉般的刘家辉，更接近我们的偶像；哀乐中年一度跑路的酒井法子，比净面明眸的酒井法子，让我们更多喟叹和怜惜。正如比较神话学家约瑟夫·坎贝尔所说：“演员都扮演着神话性的角色，他们是我们认识生命的教育家。”

这是站在今日今时，追念梦中人的意义：重温那堂生命教育课，看看各自的成绩单，交换各自的心得。

而这一切，都始于当初的那声“美哉，少年”。印度教的《奥义书》里，把凝视日落或山崖而发出赞叹的时刻，视为与神性融会的时刻。事实上，通往神性的道路，在那时才刚刚开始。毫厘之距，用一生跋涉。日落后的山峦，风沙之中，他们的面容无处不在。

那时年少

苗侨伟

张学友

周华健

王祖贤

莫文蔚

杨钰莹

邱淑贞

苍井空

穗花

全智贤

薇诺娜·赖德

小乔

苗侨伟：初恋的梦

黄佟佟

有时问自己喜欢什么样的男人，脑子里一闪，还是很没出息地闪过他的身影——苗侨伟。

其实也不是苗侨伟，确切地说是杨康，长身玉立，一袭白袍，眼睛狭长，似嗔非嗔，嘴角含情，似笑非笑，每临大事有静气，自有一番主张，但私下又颇能耍赖放娇，“念慈，你要相信我……”明知他在骗你还是愿意相信，明知他是坏东西还是爱他，这大约就是我心中最有魅力的男性形象，从10岁延续到今，没有变过。

最喜欢的一幕是杨康出场的那个亮相，“比武招亲”里把穆念慈的绣鞋脱下，乘机调戏。这个男人多有意思啊，你说他邪吧，他又有正的一面，你说他有情，他又是真无情，你说他无情，他偶尔也会有情。对于十几岁的女孩来说，这样拿捏不定的男人，这样左右不清的爱情，恐怕是世界上最像爱情的东西——一场初恋由青春的大雾里升起，而苗侨伟，就是这雾里走来的人。

因为要看他，我前前后后起码看了5遍《射雕英雄传》，每次看到杨康我就心脏狂跳，每次看到他死的那一节我就肝肠寸断。那时，除了在电视上看到他，能“拥有”他的唯一方式是买他的贴画，可惜的是，他的贴画真的很少。谁让他是配角呢！一次，画报摊上出了一套海报，海报上的杨康穿雪白的袍子，头上扎着高高的髻，还有一圈雪白的狐狸皮，脸上依旧是那副似笑非笑的表情——怎么可以这么好看呢！有段时间，我的人生目标就是买这套海报，但是，等我凑足了钱，海报早已卖光——这深深地刺激了我，并导致了我日后的购物狂倾向。一旦喜欢上什么东西，立即要买，不能等一秒，因为潜意识里知道，一等，那东西就会消失。

在长达两年的时间里，我有心事可又不能对人说。我可以和同学讨论黄蓉郭靖穆念慈周伯通甚至欧阳峰，但我始终不能说杨康——“你怎么能爱上杨康呢？他不是个坏人么？”我的闺蜜说。我不屑于说服她们。我内心多么骄傲，在12岁的年纪，居然能爱，还是这么澎湃地爱——我对自己说，这就是能让我和这个庞大世俗的世界拉开距离的一个人。因为这爱不光明正大，又不能与人分享，我觉得自己的心像一个越来越小的房间，而我的爱恋像关在这房间里的一只小鸟，无法展翅飞翔。一个声音越来越大，越来越强烈，强烈到我必须说出来，可是，怎么说呢？我只能每晚躺在床上时，拿被子盖住嘴，握着拳头认真地对自己发誓：亲爱的杨康——啊，不，苗侨伟，你可千万不能结婚，你等着我，我长大了，一定一定……去香港找你！

过了很多年，每次去香港，一到红磡火车站就会笑自己一次——你不是很想来香港么，怎么不去找苗侨伟？是啊，我长大了，明白追星的可笑，可是人生第一次爱上一个人在别人看来不都很可笑吗？

当上记者，见过许多偶像之后，我对自己的忠告就是不要去见偶像，因为一见往往会失望。我从来没有刻意想过要去见苗侨伟，但还真的见过他一次。

那是在2001年一个乱哄哄的发布会上。一大帮后来被香港八卦杂志称为“大炮团”的男演员在插科打诨，我的偶像不声不响、腼腆地站在后排。我非常激动，不知怎么是好，直到这帮明星下台，苗侨伟走过来，我哆嗦着从大袋子里摸出一张破纸，从同行的女记者那里夺来一支圆珠笔，说话声完全变了调，我说，可以请你签个名吗，我是你的影迷。苗侨伟用他很杨康的眼光惊讶地打量我——他可能已经很久没有见过影迷了，当时他和他的老婆开眼镜行已经10年，

早就不演戏了。

他飞快地在纸上签了一个名，后面的曾志伟们呵呵大笑，一大帮过气不过气的老男人都把这场景当成大笑话——等下饭局可以用来调侃了。

与我同行的记者恨不得找个地缝钻进去，但我一点也不后悔，因为我终于有了一张杨康的签名，终于在贴画、海报、回忆之外和他有了真实的联系。我把他的签名放进钱包，觉得儿时的梦基本完成了。

几年后，苗侨伟复出拍戏，又过了几年，他的老婆也复出了。我依然注意他的新闻，欣慰地发现他没有发福、没有大肚腩、没有阿伯的样子。我偷偷关注他的微博，甚至注意到他非常怕老婆——他是木工出身，追到这个当时“靓绝五台山”的美女不容易。他们婚后育有一儿一女，他们岁月静好，他们风平浪静。我觉得这样就很好，我一点也不想再见他。

2008年，我去湖南卫视录制《天天向上》，节目做到一半，汪涵说："听说你很喜欢苗侨伟，我们节目组特地把他请来，让你见见偶像。"我如受重击，在等待舞台门打开的那几秒钟里心如刀绞，几乎要夺路而逃。我愤怒地想，是谁想出的这种馊主意？还有比这更蠢的主意吗？还有什么事比粉丝见偶像更尴尬？

虚惊一场，这不过是电视人惯常的一个玩笑。那一节他们剪掉了，据说我当时面色发白，神情异常奇怪。那是我终身难忘的一种惊恐，当你真正喜欢过一个人，当你真正珍视心中的一段感情，你就不希望它变成银幕上的一场闹剧。幼稚年代里，你爱一个人就希望嫁给他，但当你真正明白事理，你就希望永远不要见到他，唯有如此，你才能永远爱他。

张学友：他在我心里开了一枪

作业本

1993年夏天，我拥有了人生第一部随身听，一个能放磁带的黑色匣子。我常常把一摞摞课本堆满课桌，躲在那堆书后面，在一些无关紧要的课上带上耳机，听港台流行歌曲。

教政治的姓刘，总是要求我们大段背诵课文，那些句子毫无美感又拗口至极，里面不乏逻辑不通语感不顺的环节，但为了混个及格又不得不机械背诵……政治课的大部分时间我都戴着耳机，听港台那些“靡靡之音”。

那时候正版磁带颇为昂贵，一般是8块，两斤猪肉的价；盗版的1块5，三两猪肉的价。郑智化、叶倩文正在疯狂走红，班上人人都能哼两句：“天地悠悠过客匆匆……”我对这俩人很是喜欢，最讨厌的是张学友，觉得他总是放不开嗓门，一直拿捏着，古板、装腔、自以为是。

终于有一天我也买了一盘盗版磁带叫《三地龙虎音乐榜》，里面最好听的是《小芳》和《星星点灯》，最难听的就是张学友的《吻别》。

不巧，出事就出在张学友身上。

历史课老师有个外号，叫“那么”，她每堂课重复“那么”的频率几乎与呼吸次数相当，一口一个“那么接下来我要说的是朱元璋那么建立了明朝那么明朝

那点事儿那么有什么规律”等等诸如此类听也听不明白的句式。

她的“那么”一出来，我又悄悄戴上了耳机，里面正在放张学友的《吻别》，这是一首并不为我理解的歌曲，我选择了快进，磁带在随身听里唰唰翻转，那声音比“那么、那么”动听得多。正沉浸在这种有温度的声音里时，随身听被一把夺走，我抬起头来，“那么”拿着我的随身听，屁股一扭一扭，正骄傲地走回讲台。

所有的同学都在看我，包括我的仇家和情敌。我愣愣的不知如何是好，极速盘算着如何拿回我的随身听。

下课铃响了，“那么”把我叫到办公室，办公室的吊扇呼呼作响，我站在下面，感觉那大铁片子随时要掉下来，便往旁边挪了挪。“那么”看我乱动，没好气地说：“在那边好好站着！等你班主任！”

班主任姓韩，曾经是我母亲的班主任，教语文。他身材瘦削高大，衣着干净，脸上的胡子从不超过3毫米，连镜片都几乎是透明的。干净的人往往看起来异常严肃又过分刻薄，他恰巧便是这样的人。在他的课上，每个人都强迫自己摆出一副热爱学习的样子，拼命背诵课文，甚至有些人因为背书把嗓子都喊哑了。

班主任踱着方步，哼着小曲儿走进来，“那么”跟他窃窃私语了一会，班主任便把我叫过去：“你小小年纪不学好，竟然听这种色情歌曲！”说完拿出磁带一甩，指着上面的歌曲名："你真不要脸！全部没收！"

就这样，我恨死了张学友。

时间过得真快，一下就到了2003年。迫于升学压力，我已经整整10年没用耳机听过流行音乐。2003年，大一，跟无数的人一样，我失恋了。

每天借酒浇愁、抽烟装深沉的日子苦不堪言，终于有一个深夜，我坐在电脑前，胡乱打开一个视频，有个人在唱歌。

他留起了胡子，有淡淡的眼袋，身材也有些走样。他拿着麦克风，闭着眼睛，那灯光从屋顶洒下来，全落在他身上。他的脚轻轻敲着舞台静静唱起："前尘往事成云烟，消散在彼此眼前……"听到这里，"砰！"一声枪响在我心里炸开……

原来人生真有这样的事：一个男人可以先讨厌另外一个男人十多年，最后彻底喜欢上他。

2003年，人们在想些什么，我不知道，我知道的是，有个人在我心里开了一枪，至今未愈。

周华健：黑暗里的温暖

闫红

多年后，我仍记得李宗盛那首《往事不必再提》，将晴天丽日变得满眼风霜；记得罗大佑的《乡愁四韵》，过门处丝弦一挑，悄然惊心；还痴爱过齐秦的《狼》、《大约在冬季》……至于张学友，更不必说，几乎每一首歌，都如珍宝，镶嵌在我的某段岁月里。

但是，以上这些歌手，都与“梦中情人”这个名字无缘。

李宗盛的歌太透彻，从早期的《凡人歌》到不久前的《山丘》，一路将风景都看透。很难想象他会深爱一个人，即使一时为爱痴狂，也像是内心某种自恋的投影。

浪子齐秦，漂游不定，放荡不羁，是放在心里的那个自我，算不上梦中情人。

罗大佑严肃到有金属感，适合仰望、远观，拿他发花痴，对自己不公平，对他更是亵渎。

张学友倒是深情款款，可是那么重的情意，你接得住吗？“一路上有你，苦一点也愿意……”这样的深情表白，会让你觉得欠他一句抱歉。

以上这几位，还是给那些有安全感、心态放松的姑娘去爱吧，作为一个紧张型人格的拥有者，这些年来，能让我在他的歌声里放松的，只有周华健。

少年时候的那些夜晚，将录音机的旋钮拧到最小，听他低低地唱："告诉我，你曾失去太多，告诉我，你也害怕寂寞。我知道你无法去摆脱过去失败挫折的伤痛。你快对我说，别总是不知所措。"他的声音很稳，不像童安格那样空旷，也不似张学友的沉厚，但是这种朴素，使他歌唱的内容更像倾诉，起承转合处，有着独特的层次，皴搓出不一样的质感。

是的，他这样一个梦中情人，不是琼瑶笔下的痴情男，不是亦舒笔下的多金豪客或者青年才俊，他更像邻家哥哥，朴实、温和、内秀，还有一点点幽默感。他会在"再爱我吧，再爱我吧"的呼喊之后，来一句"难道你真的那么傻？"他会模仿你的口气，戏谑地唱："明天我要嫁给你啦，明天我要嫁给你啦，要不是你问我，要不是你劝我，要不是适当的时候你让我心动……”

就像在你家隔壁出来进去的男孩，歌里的他，是一个好爱人，还是一个好父亲，飞到世界的尽头，为他的宝贝寻找传说已久的雪人。他过着一种特别稳妥的日子，时间特别慢，节奏特别缓，每一天都清新如画。

很多年前，看过一部外国电影，剧情和名字都忘了，只记得有一句台词是："我喜欢听你黑暗中的声音。"青春岁月里，周华健的歌声就是我黑暗里的安抚，他把世界变得让人放心。而有些时刻，他也会讲出他的软弱，说他其实也"怕黑"，那时，你会想伸出手去摸摸他的头，告诉他，你懂得他所有的疲惫与哀伤。

年少时候，爱上这样一个歌手，倒也没有杨丽娟式的狂热，那样的爱，也许只是对未来爱情的期许与描摹，对他，遥遥注视便好。

后来，两岸间文化交流频繁，他经常出现在电视上，或当评委，或参加访谈。别后经年，他头发留长，表情夸张，笑容尺度比较大，应该是多年舞台生涯使然。我有一点小小的失望，随即释然，都说了他是邻家大哥型的梦中情人。岁月是把杀猪刀，若是你有幸见到当年爱慕过的邻家哥哥，也不会比这个情况更好。所谓"接地气"，在他，倒是一如既往。

王祖贤：她的心思不在此处

张书玮

看了狗仔队在铜锣湾突击的采访和录影，我突然觉得事不宜迟，第二天就跑进影碟店买了全套《倩女幽魂》的蓝光碟，外加一张《卫斯理传奇》。时间无法停在1987，但我也不稀罕时光倒流。对于电影，总是刹那永恒；说起美人，王祖贤必然是逃不过的名字。当年“女神”这个词还矜贵得要命，凡夫俗子要想把它挂在嘴边也得焚香沐浴。我们不敢出声，只是张了张口，做个嘴型。那时，脑子里想的，就是王祖贤。

当然，王祖贤是不羞于扮演邻家小妹的。在《义盖云天》里和李香琴对戏，一面天真无邪，一面暗自忧心。她演不来，所有表情都公式般挂在脸上，不论什么表情，李香琴都不温不火地接过去，倒显得王祖贤真的青春无敌，那张脸就这么百看不厌地留在脑海里。

在较少人提及的电影《杀手蝴蝶梦》里，谭家明难忘又难得地用光影为王祖贤剪裁出各种美态。这位王家卫的前辈，用最刁钻的手法将王祖贤塑造成了一个生活在夹缝中的女人。在纯真少女与成熟少妇之间，谭家明用一首梅艳芳《装饰的眼泪》作了桥梁，让本色演出的王祖贤突然变得多面而迷人。可惜时势不予谭家明，他原本应该是一个比王家卫更让人津津乐道的导演，假如那样，这部电影

也会是王祖贤的旗袍，穿上或者叠起来都会被人牢牢记住。

不了解她是否知道自己的美。有的女明星是知道的，可王祖贤总让你觉得她心思不在此处。她也从来不怕和其他女演员争奇斗妍，反而因此留下了不少影史上值得珍藏的画面。且不说人们津津乐道的《青蛇》，王祖贤曾为王晶拍过一系列时装片，多次在片中与邱淑贞以双旦形式出现。邱的可爱性感与王的高挑美艳，一度成为香港速食电影最美丽的符号。

张小燕曾经用“漂亮宝贝”来介绍王祖贤。的确，她曾在80年代以大量宝贝式的角色重新定义了美女的标准。1987年翻拍版《倩女幽魂》无须赘述，绝对是她偶像里程的高峰。所以，就算当时演技还不出众，电影工业也慷慨地让她入围了香港电影金像奖。不过最后，美得惊人的王祖贤输给了演技出神入化的萧芳芳。同时惜败的，还有凭《秋天的童话》入围的大美人钟楚红。

经此一役，王祖贤由“漂亮宝贝”正式获封“古装美人”，在90年代拍摄了大量古装电影，且以幽魂、狐仙等魅惑形象出现，如此收服了大量拥趸。有一些造型设计也特别知人善用，为王祖贤打造了大量或华美或飘逸的形象。《追日》、《阿婴》、《千人斩》都可以说是其中的代表，更不用说《东方不败》中和林青霞痴缠的恋人了。

王祖贤因为声线娇柔，且在日本和台湾人气太盛，最后终于跨入唱片圈。她的日文单曲和国语专辑都唱得相当勉强，可主创都用了极大的心思来为她创造出最完美的意境。《与世隔绝》简直像一句预言，让王祖贤在演艺界磕磕碰碰那么多年后最终搭上跨越大洋的班机。也许太美的人总要背负一些束缚，又或者，网络时代，美丽也经不起唠叨。不过，她的那一页总是写了下来，翻开就能看见。

莫文蔚：一双晃晃悠悠的长腿，就那么浪着

林冲

当了已婚渣男，日子忙忙叨叨，不太能想起曾经情迷的女星。去百度，边码字边听旧时的老歌，脑补着一幅幅积尘的画面，突然就被自己的花痴给感动了，原来白日春梦是可以这样纯情和文艺的。莫文蔚，曾经幻想交上这种型儿的女友，长发浓密，笑容放肆，长腿晃晃悠悠，就那么浪着，折腾着，把青春赌个不后悔。

第一次对莫文蔚留下深刻印象，还真不是走红内地的电影《大话西游》中的白晶晶，而是周星驰另外一部《回魂夜》。这是一部过火和癫狂的荒诞喜剧，我一直偷偷把它放进心仪的爱情电影的库存。故事讲的是周星驰扮演的神经病和莫文蔚扮演的飞女如何捉鬼。最核心的创意来源于吕克·贝松的《这个杀手不太冷》，标志性道具当然是一盆要死不活的盆栽，星爷坚持说这是对恶鬼的感应器。莫文蔚留着波波头，并配上一些问题少女的言行举止。

1995 年，显然不流行莫文蔚这款女星，身边的小伙子大多爱周慧敏、王祖贤、关之琳，连张曼玉都不算世俗认可的美，更别说大嘴巴、尖下巴、长脸的莫文蔚了。我想，当初不少人会飙出这样一句话“哇，好丑！”所以，允许我得瑟一下，我就觉得她的长相很有味道，经由角色的魅力越发让我迷恋。电影的

ending 是，被恶鬼附体的周星驰恳求莫文蔚用电锯冲自己身上开刀，最惊恐的画面没有出现，画面一转，精神病院里的莫文蔚光头造型，身着病服，捧着盆栽，穿着风衣的周星驰突然从远方出现，两行清泪从莫文蔚的眼眶中淌了下来。

那个时候，我认为爱情就是这种感觉，一定要有痛感，越痛越爱，反倒是卿卿我我的爱情很苍白。当时太年轻，没有恋爱，所有对爱情的感觉都来自电影，看看莫文蔚这样的角色如何做女友就以为懂得爱了。进入社会，真正开始恋爱，才惊觉屌丝不可耻，偏执幼稚的屌丝才要命。

盗版 VCD 横行的年代，莫文蔚在好多影片里的角色，都被我理解为一个理想女友的各个侧面。无论是《食神》里那个在片尾嫣然一笑的老板娘，还是《九龙冰室》中红姑茫然忧伤地开车夜游，或是王家卫电影《堕落天使》里那个看到下雨就疯狂大叫的女孩——她不要人看到自己为得不到的恋人流泪，还有《古惑

仔》系列里那个抄起双刀杀人血拼的牧师之女——我可不是在鼓吹暴力，只是，那个洒脱飒爽的镜头，太迷人。

当然忘不了她的长腿。除了电影，我记得看过一次她在台北的演唱会录影带，一身男式白衬衫松松垮垮地裹住上身，下摆看似随意地刚刚包住屁股，以至于你会觉得她下面什么都没穿。她低着头，拿着麦克风，不与人交流，一步三摇，双腿交错，像喝醉了一样在舞台上毫无章法地走，唱着《电台情歌》。我想我懂了什么叫让人窒息的性感。这双长腿，在镜头前仿佛是有生命和灵魂的，像莫文蔚的姐妹，簇拥着三人行似的催情舞台和我们叫做空气的无形物质。

她的电影我大多数都看过，她的歌我大多数都能哼。我是不是要搞笑地说一句，很可惜，她都不知道。

杨钰莹：留住一份回忆，足够了

郑照君

12岁前我不听歌，不迷恋明星，因为她，我开始买磁带，学会分辨正版盗版；因为她，我开始留意流行歌坛的消息，收集当时红火的《通俗歌曲》和《当代歌坛》；学会给杂志社汇款购买她的照片……至今20年过去，她在我心中的位置从未改变。她身份证上的名字叫“杨岗丽”，出道当歌手后，变成“杨钰莹”。

90年代初，内地大街小巷悠悠传来的，很多都是杨钰莹的歌。从那些动听的甜歌开始，这个江西姑娘成为当时乐坛的国民偶像。作为国内第一代签约歌手之一，首张专辑《为爱祝福》疯狂卖出20万张，电视剧《外来妹》主题歌《我不想说》的流传，以及那首《轻轻地告诉你》，让她真正红遍了大江南北。刚出道就顶替李玲玉赴港演出的消息，被看成新旧甜歌玉女的交接仪式。之后的她一帆风顺，《月亮船》、《等你一万年》等专辑的推出，奠定了她在歌坛的地位。她长长的秀发、甜美的笑容，成为亮眼的标志。和同门师兄毛宁的金童玉女组合，也被认为是内地乐坛最为成功的典范。那几年，是属于她的时代。

各花入各眼，她歌声里永恒的甜，固然保持了一贯水准，也因一成不变而为人诟病。之后的杨钰莹尝试了改变，1995年推出专辑《因为有你》，让人听到

她散发着忧郁气质的歌声，她在一贯的甜腻中稀释了一些怨，更加细腻动人。首次复出时推出的专辑《故事》，更是把她几经世事的成熟融进歌里，让人感触回味。变归变，她的声音特质还是甜美的。时至今日，几番告别又几次回归的杨钰莹，虽已年过四旬，却仍有如初见时清丽婉转的歌喉。

杨钰莹的演艺生命分成了三段，两次告别都与那段不堪回首的感情有关，那场充满争议的爱情改变了她的命运。第一次说再见是 1997 年，因为找到了可以依靠的男人，她甘心剪去长发，洗尽铅华。再次淡出大概是 2006 年，我 26 岁，在青岛做电台主持。那时的她生活在流言蜚语中，身心俱疲，渐渐淡出人们的视野。别人口中的世界似乎跟当事人不同，旁人认定的，任你百般述说也无从辩解。即便她在鲁豫的节目中打开心扉，流言传来传去，还是洗脱不清。告别似乎是最好的选择。这次，我想她是不情愿的，出了几只单曲，连专辑也无声无息，就那样突然进入遁隐模式，无觅芳踪。

2012年，她再次回来。和意料中的一样，那个轻轻告诉你的红蜻蜓女孩又回来了。再次出发的她显得更加自信优雅、豁然开朗，唱歌、表演、主持节目，甚至比以前更增添了一种美好的韵味。对于幼时迷恋她的歌迷来说，见到偶像还在、还好，仿若时光倒流，再回到1992年央视的《旋转舞台》上，一位“纯氧美女”在唱着《风含情水含笑》和《茶山情歌》，那是初见的她，也是现在的她。

“认识”她二十多年，我们都变了。她打开了我通往音乐世界的大门，乘着她的歌声，我飞进这斑斓的世界，从此不再离开。顺着爱好一路走着，从乐迷变成主持人，做了记者，又从音乐做到电影……我长大了，而她还是那副神仙姐姐的样子，红颜不老。曾在心中预演过很多次和她见面的情形，我要告诉她我从小就是她的歌迷，有她全部的磁带和CD，会唱她所有的歌，最后会再跟一句，岗岗，能和我聊聊那部无缘观看的电影《时光列车》吗？聊聊美好的青春，美好的记忆。就像你的那首歌——时光列车走过我们，变也好，不变也好，“留住一份回忆足够了”。

邱淑贞：一半天使，一半女神

潘采夫

我的录像厅生涯分上下半场。上半场是 20 世纪 80 年代后期的初中，家乡小城的农贸市场楼上，看的片子都是武打片；下半场是在 90 年代的省城，我所在的大学南门外录像厅一条街，看的是三级片。录像厅生涯的尾声是毛片。

录像厅放武打片时噪音极大，兵器碰撞大侠吆喝坏蛋惨叫以及仇人相见时为营造气氛搞出的配乐，都具有震人心魄的效果，比较资深的高中生三里之外就能辨出是哪部片子，狄龙姜大卫还是尔冬升的。我等初中生分不清状况，反正哪个厅里兵器碰得响女人叫得惨就往哪里扎。大学校门外的录像厅一条街则完全不同，你走过去以为放的全是默片儿，门外能听出声的都一般，门窗紧闭声息全无的才是好片儿。我的三级片启蒙就始于那个南门，当然，这也说明我的青春期来得有多晚。当我为邱淑贞李丽珍叶玉卿们流连忘返的时候，我的同学们已经“周游列国”了。

十几年过去，单凭记忆把我喜欢的男女三级明星列出来，能排出一支足球队的主力阵容，而且，我至今喜欢的女明星里，当年的三级片明星仍是不可忽视的一部分。她们承担了爸妈老师未尽的责任，让我从一个没“过河”的男孩走向男人，并且左右了我一生的审美取向，我必须向他们说声谢谢。

邱淑贞同志，就是这些女明星里的杰出代表。

三级片是1988年香港实行“三级制”后出现的，指那些含有暴力色情、18岁以下公民不能观看的影片，没有任何贬义。因为市场太好，遍地是钱，开始粗制滥造，最后把三级片做死了。当然，听说跟“97”也有点关系。

其实，邱淑贞的三级生涯并没有留下绝对经典，这跟她的导演是王晶——那个职业精神极好的烂片导演有很大关系。不过，凭开山之作《赤裸羔羊》，邱淑贞还是获得了金像奖最佳女主角提名。我甚至很难想起她别的三级片，她的片子也没像《蜜桃成熟时》或《玉蒲团之偷情宝鉴》那样创造过票房神话，但这个明眸善睐、精灵鬼怪、清纯可人的小妖一样的姑娘，给我留下的印象却最深。原因也许在于，她不像演三级片的，不管裸露多少，脸上永远天真，倒像个什么仙子，因机缘误落尘网，像

那个“心比天高，身为下贱，风流灵巧招人怨”的晴雯，让男孩子都把自己幻想成风流公子，对其牵念不已。

后来三级片造诣深了一些，我才明白邱淑贞老师这样的打法，早已是日本AV界一大路线，日本叫“童颜巨乳”，西方叫“魔鬼身材，天使面庞”，有一种无邪的罪恶感。香港三级片女星大致分两拨：一拨是叶玉卿叶子楣彭丹杨思敏她们，走熟女路线；另一拨是邱淑贞舒淇朱茵李丽珍徐若瑄，走的是无邪范儿。很不幸后一种打法对我杀伤力巨大，我最喜欢的香港女星，基本出自这一阵营。

邱淑贞是参选港姐出身，因为下巴整过容，被竞争对手揭发，只好退赛，止步12强。在同一届选手里面，邱淑贞的星途最好，她先是走清纯路线演了一些片子，后来被王晶发现，王晶被邱淑贞的气质征服，帮她大幅改变形象，拍了《赤裸羔羊》，一炮走红，从此成为三级片红星。王晶虽然有家有口，但对邱淑贞一往情深，为她付出不少心血，邱淑贞也和王晶保持着亲密关系，成为香港小报议论的话题。直到在一部影片中，王晶让邱淑贞演女二号，把女一号给了新人，愤怒的邱淑贞和王晶分手，同时告别了她的三级片生涯。

任达华后来说过一句话，他当年演三级片，唯一的原因是三级片在当时最流行，他们的饭碗就在那里。所以，当时的三级片界人才辈出，现在却市场凋零，后继乏人，拍个《3D肉蒲团》还得从日本找外援。

三级片红了不过五六年，就被他们自己做入了死胡同，因为香港电影市场太好了，成了黑社会的金饽饽，但他们除了懂黑帮片，就只会拍三级片，没人能预见危机。

到了大四，学校南门那条街已经没了三级片，学生们改叫它黄片一条街。三级片故事不够好看，衣服又穿得太多，基本被欧美和日本逐出了市场。学生们胃口也刁了，一个片子看不了10分钟就鼓掌，聒噪着“换片！”老板也不耐烦，张口就骂。

三级片演员星散到各个地方，认领了自己的命运。邱淑贞跟王晶分手后，一直没愁过片约，最让我心动的是在《倚天屠龙记之魔教教主》里演小昭，恍然明白小昭才是我对邱淑贞的心理定位，纯真又明艳惊人，风情又忠贞不二，随时准备为你奉献出一切。一半是天使，一半是女神。难怪有人说，每个男人的心里都有一个小昭。

后来邱淑贞嫁给商人，身价数亿，生有三女，诚心礼佛，出路很好。舒淇跟王晶签约，后来凭《色情男女》拿下金像奖，成为文艺片大明星。叶玉卿温碧霞嫁入豪门，叶子楣朱茵生活也不错，当然也有落寞或悲惨的——陈宝莲跳楼了。我喜欢的男星里，任达华和黄秋生后来拍杜琪峰的片子，成了影帝或艺术家。徐锦江一边拍片一边画画，生活自在，演三级片最多的“大傻”成奎安已经去世。

苍井空：她的投入，释放了我的青春

南吉

香港导演彭浩翔曾拍过一部好玩的电影——《AV》，传到内地被叫做《青春梦工场》。电影的开头字幕是“在世界中心呼唤性爱”，讲述了一群男孩想和日本 AV 女优上床，凑钱请她拍戏，大家都扮演一把男主角，梦想却最终逐步破灭的故事。

上世纪 90 年代，当我与改革开放一同步入青春期时，和大多数男孩一样，无人授业的我们在性启蒙方面同样“摸着石头过河”。武藤兰、饭岛爱、苍井空就是那时一块块晶莹剔透、令人垂涎欲滴的“宝石”。

或许是先入为主，现在的 S1（日本 AV 制作公司）当家花旦中不乏娇媚可爱的，但我对苍井空情有独钟。

吉沢明步有填充物、柚木提娜的脸过于锥形、麻美斗鸡眼、穗花太黑、爱田由的表演太冷淡……除此之外，我也不太喜欢任何传说中隐退的人物，那是一份很长的列表，但我只能遗憾地指出她们“太多借位演出”，就轻易将其逐出讨论范围。

大学里，我们楼道里的几个寝室都很羡慕日语系的男生。他们不仅不需要中文字幕，更能通过去日本交流的机会，“交流”回大量新鲜热辣的杂志与音像制

品。其他语种的同学只能在地下通道里和过街天桥上寻找怀抱孩子的妇女，对眼之后通常有如下对话：

“要片儿吗？”

“有苍井空吗？”

“谁？你自己找吧。”

女人敞开衣襟，买卖双方便都顾不上孩子在冷风中啼哭。女人催促：“快点快点，一会儿警察该来了。”男生忙着搜寻，付账走人。

宿舍里的VCD机早已吐出了舌头，电视也“哗哗”地喘着粗气。上下铺纷纷将“打赏”的烟丢到桌上。

关门，放碟。

网络时代，我们不用再去吵醒女人怀抱里的孩子，唯一的歉意是，苍井空依然只能住在各自电脑的隐藏文件夹里。

忽然有一天，到处都开始谈论苍井空。仿佛人人都怕落了后，忙不迭地把“苍老师”挂到嘴边。先有百万的微博关注，接着便是国内媒体的报道，“现象家”们开始分析“苍井空现象”。

梁文道在一档节目中说：“你的同事，原来在工作中你只认识他工作这一面，但是你上他Facebook，发现他原来喜欢狗，还喜欢养花，你发现他很讨厌苍井空，我怎么老说苍井空呢……”

什么？你也打算随声附和，平易近人地讲几个不知从哪儿看到的“苍老师”的段子，或者干脆放下身段提提你更耳熟能详的武藤兰？那你还不如给大家讲讲自己那个装满低画质rm格式的隐藏文件夹，直接把自己变成大家茶余饭后的笑料算了。

他们笑，为他们高雅。高雅的人只会说“德艺双馨的苍老师”，连蔡康永都调侃：“中国是唯一叫苍井空‘老师’的国家，让我被叫老师有种很微妙的感觉。”而脱离不了低级趣味的人们，永远说“童颜巨乳的苍井空”。因为那才是我们了解的赤裸裸的她。

大家很容易被这种轰轰烈烈的假象蒙蔽，以为是个男人就看过苍井空的真实演出了。

直到一项调查数据显示，24% 的男网友对苍井空的认识只停留在人云亦云的基础上，从来没有真正去了解苍井空从事的事业；高达 49% 的男人看过苍井空多部作品，是她的铁杆粉丝；另有 27% 的男人在不经意间瞟过苍井空的电影。这总数 76% 的男人是网络上围观苍井空的坚实构成。

另一项数据显示，49% 的男人的性幻想对象是苍井空。这说明当男人着迷于看某位女人一遍又一遍后，基本上都会将其当作性幻想对象。进一步，我们可以用这个推论来论证“为什么男人将女同事当作性幻想对象的比例很高”这一说法。

只有 1% 的男人是忠贞者，他们的性幻想对象只有唯一的苍井空。

50% 的男人根本不吃童颜巨乳这一套，他们坚定地把苍井空排除在自己的意淫名单之外。

尽管一半的男人对苍井空有着性幻想，却仅有 7% 的男人将苍井空这样的女生当作自己追求的对象；高达 45% 的男人只愿在电脑中追寻苍井空的身体、表情和微笑，然后在现实中另行一套爱的标准。

男人对待苍井空的态度，再次印证了性与爱的分离状态。

现在，就像被压抑了 3 年的对高考的憎恨，学生们终于可以明目张胆地用烧书的极端方式表达一样，男人们也用追捧苍井空来公开宣告自己被压抑多年的性需求。

2008 年的平安夜，AV 女优饭岛爱在东京的公寓离开了人世，她的死让很多中国男人陷入哀伤。有帖子写道：“如果没有日本的 AV，中国性教育根本一片空白。而如果没有饭岛爱，AV 历史又将何在。”

感谢苍井空，她用自己投入的表演释放了我的青春。

穗花：旷野的玫瑰

悉达多

已经记不清第一次看穗花的电影是什么时候了，但恍惚间还能回忆起是在一个高中同学家，那时她的《教师三部曲》正为行业中的御姐系奠定一个新的标准。而这么多年过去了，这几部片子依旧保留在我的电脑硬盘里。岛国的温柔，陪我度过了无数个一个人的夜晚。

多年以后同学聚会，我们几个男生经常会聊起初中时期对于老师的幻想。南方的夏天酷热难耐，英语老师是个丰满的30岁女人，总喜欢往身上喷浓重的香水，几米开外就能闻到她的出现。物理老师刚毕业，戴一副精致的眼镜，五官小巧，个子不高，平时喜欢穿黑色铅笔裙加白衬衫，脚踏高跟凉鞋，偶尔还会换上半透明的连衣裙。那时，当她走到课桌中间来，班上的男同学就会把笔故意扫到地上，俯身去捡，课后为了内裤颜色争论不休。

中国的教育制度使得学校里的女生没有丝毫女性的感觉，这也迫使一些性早熟的家伙不得不把对女性懵懂的渴望寄望于女老师身上。伴随着夏日宿舍天花板上电扇的嗡嗡声，不少人的春梦里都会出现那两个老师的身影。一次，我因早恋，中午被物理老师叫到办公室训话，偌大的办公室只有我们两人，那半个小时是如此难熬，她的批评之声竟然在我脑海里变成了调情之语，而翘着的二郎腿以及一

晃一晃的高跟凉鞋，更是让我面红耳赤，当时我真想跟她说：“老师，你惩罚我吧！”

青春期的遗憾在穗花的《教师三部曲》中得到了完美实现。她的表演是立体而细腻的，有一种颓废、成熟又倔强的魅力，骨子里散发出的“小恶魔”气质更是别人无法模仿的。尽管她的身高只有160cm，却蕴含着无尽的爆发力，黝黑的皮肤散发着健康美，也难怪她最后还专门出了一本教女性如何“驯服”男性的书。

她在书里写道：“作为一枚准小恶魔，女人们要想魅力无边，首先要舍弃的一样东西就是对男人的依赖。虽然每个姑娘都多多少少会幻想，希望伴侣可以保护自己、疼爱自己，让自己尽情撒娇，可是回头想想自己从情窦初开到穿梭一段又一段的感情中，有悟性的姑娘们都会思考，这样的恋爱会不会因为自己对男人的过度依赖而变成‘只是在实践自己的梦想’。”

可惜，2008年穗花退出了AV界。之后，她拍过几部电影，客串过一些娱乐节目，还当过电台主持，负责回答少女的困惑。2011年，她出了一本名为《笼》的自传，其中关于成长的一些细节，阴暗程度丝毫不逊于饭岛爱的《柏拉图式性爱》。

1岁到3岁的时候，父母因为要照顾患先天疾病的哥哥而把她寄养在亲戚家。2岁时哥哥死了，父母离婚，她被迫与母亲和外公一起生活。当时母亲欠了高利贷公司的人很多钱，这个人多次在穗花面前对她母亲扯头发、怒骂，可奇怪的是母亲竟然还继续与他交往，为此，外公与母亲断绝了父女关系，穗花被送入儿童福利院。

幼儿时期，穗花被那个男人绑架并一起生活了近一年。讽刺的是，这男人对穗花非常照顾，穗花居然从他身上找到了从未体会过的父爱的感觉。最后，男人死在狱中。母亲再婚后，继父居然也是个欠了一屁股债的人，从6岁到15岁的9年里，继父经常对她施以性侵犯，母亲却视而不见。

由于抽烟与家庭等问题，穗花只好退学，并一度考虑自杀。继父知道后对她说："如果被卡车撞死的话，反而还有钱拿呢。"2003年，一间刚成立的艺能事务所社长找上了她，利用她想成为歌手的梦想，引诱她签约之后才告知："这个契约其实是拍AV的。"社长以600万的违约金相威胁，她就这样走上了女优的道路。

NHK做过一期20分钟的访谈节目，她带着主持人回到了母校鹿儿岛垂水市南中学校，在已经废弃的音乐教室黑板上用粉笔写下了"我爱南中……爱"的字样，那是她的真名。就像她所扮演过的那些角色，我总能隐约地感觉到，她是在演绎和承担生命不能承受之痛。

就像那首歌里唱的：

像旷野的玫瑰／用脆弱的花蕊／想迎接那旱季的雨水／想摆脱那四季的支配／想抗拒绽放后的枯萎／所以温暖却暧昧／所以似是而非／让那直觉自己发挥／她一直给／每一次给／有即兴意味／心碎也无所谓／若一心给／却意冷心灰／那多累／每一次给／也让人回味／那感觉久久不退／像一场宿醉／到黎明不退／想一想也对／她说／谁怕谁

全智贤：来自青春的你

冯寅杰

青春期时，存储在VCD光盘里的偶像剧是我用来消解过剩精力的。那时的偶像剧和演偶像剧姑娘的数量与质量和现在相差甚远，无论戏里还是戏外。

互联网发轫的年代，人们的审美趣味也在发轫。浪漫自然的偶遇变得不再令人激动，温柔亲和的邻家妹妹也成了街边货。于是有一天，你突然发现那个坐在大排档邻座喝得烂醉跟人摔啤酒瓶的姑娘看上去蛮可爱的。这种第一代“女汉纸”的版本，在外形上还留存着长发、美颜、疑似温婉的表征，但她酗酒、打架、多管闲事，分分钟能把事情惹到警察局。之所以会觉得这样的“野蛮女友”不错，除了路人甲的围观心态外，只能说追剧的都是注定孤独一生的死阿宅，除了拨号上网，他们这辈子没为任何一件事主动过。

《我的野蛮女友》改编自网络小说，它之所以摆脱了一切低级趣味，包揽了那年大部分电影奖，是因为遵循了陈佩斯老师的理论——一切喜剧皆有一个悲情的内核，以及女主角全智贤打破常规的表演。13年后，当她卷土重来时，你也就毫不怀疑她全民女神的气场，绝非一日之寒。

好吧，我承认，全智贤是我的女神。

当女人一旦化身为女神，就有了伴随文青跨越空间和时间的能力。在文青这

个词汇还没广泛传播以及遭受鄙视的年代，我成了一个文青。大学里一天也没几堂课，精力依旧过剩，对爱情的理解终于突破偶像剧，升级成了网络游戏和旅行的意义。如果纠结，理由只有两样：不知道想要什么和什么都想要。所以，当雏菊、画板、阿姆斯特丹和美丽少女构成的小情小调以及爱恨交织遍布误会的三角虐恋出现时，难免让我情不自禁、再次沦陷。可让荷尔蒙对着屏幕里的某女感叹：哇，她转型真是成功，怎么看都像是件愚蠢的事。

不过，这不关女神的事，全智贤是无辜的。

所以，这次她有备而来。男主角帅气、多金、博学，前世今生无数次救她的命。两人关在一起，各自假装若无其事，心思却都在对方身上。如斯老段子能演出新花头，倒也不负恩泽。只是讲到这里，重点早已发生偏移。戏外，女神早已结婚；戏内，她徐娘半老沦为外星男主都教授的拉帮带，衬着女剧评人的公开叫嚣：帅到让人想脱裤子!

现在还有没有人想对着全智贤脱裤子我不知道，反正我是脱不动了。

曾经，你和全世界过不去，她替你掀了隔壁的桌子；后来，你迷惘惶惑，她告诉你应该坚持什么；现在，她成熟妩媚，风情万种，博你会心一笑。这个世界的恶意在于，女神青春的灵魂仿佛装错了老身体。

当女神和你一起走过那段青春，时光的刻痕在清晰地提醒你的模糊——心态模糊，生活模糊。跌跌撞撞走到今天，才茫然无措地抓住身边的人问：为何会走到今天？谁知道呢！青春不就是看似热闹其实孤独寂寞吗？也许，过去的那些岁月，和女神一样，也是用来激情和幻灭的吧。

薇诺娜·赖德：甜美背后，是否只是一片空白

张海律

初识薇诺娜·赖德，是在高中的阅览室。一本《当代电影》的封底抓住了我，白皙的肌肤套在桃红T恤中，深褐色的大眼稍稍眯着，不知望向何方。虽说不再是一见女字旁部首就起反应的年纪，但荷尔蒙还是迅速弥漫身体，战胜曾以为清纯之美不会激起邪恶性欲的少年意志，战胜阅读内页《狂人皮埃罗》和《地中海》剧本的求知欲。总之，我就是想把这个清纯的女神从杂志中抱出来，揽入青春的梦境。

我和同去阅览室的小伙伴偷偷得逞了，他撕去了苏菲·玛索，我撕去了薇诺娜·赖德。班上一个姑娘得知了我的真爱，回到家中翻遍爸妈珍藏多年的《大众电影》和《环球银幕》，慷慨地将那些印有女神的页码剪给了我。在那个录像厅只播美国枪战片、VCD出租店只有《古惑仔》和《赌神》的年代，绝无可能看到薇诺娜参演的那些小成本文艺片。一开始就跟着学术期刊接受作者电影教育的我，也从没期待能看到女神的作品，只要能源源不断得到她的玉照就很满足了。

直到迈进大学，才在《惊情四百年》中第一次邂逅动态的薇诺娜，这一动可不得了，成了让无数少男魂牵梦萦的银幕经典性感形象。德古拉伯爵搅起的雨夜里，她在楼梯间蹦腾着追赶被摄走魂魄的女友，透明的蓝色绸缎睡衣下，迷人的

胸部如小兔般跳跃。等到与加里·奥德曼饰演的吸血鬼上床，又是一席洁白的透明睡衣，当哀怨捶打那位前世爱人时，绸缎下的小兔又沸腾起来。大导演科波拉聪明地维护着这番清纯形象，点燃那种让人既想占有又会产生罪恶感的矛盾欲火。紧接着，《幽灵之家》和《异形4》继续强化着她楚楚可怜的性感形象，无论是在月圆之夜被安东尼奥·班德拉斯压在身下，还是在水面上被西格尼·韦弗锁住喉咙，无论是皮诺切特专政的受害者还是没气息的生化机器人，都能激起男人的保护欲。

现实中的薇诺娜，似乎也需要被呵护。从《美国小子》到《剪刀手爱德华》，让她成名的那一大堆乳臭派青春片，没一部能被影史铭记。粉丝们念叨并遗憾她与强尼·戴普那段刻骨铭心的爱情，却没多少人再会留意她新千年后的银幕形象——一大堆只属于亚当·桑德勒类型的毫无营养的喜剧片，如同把林青霞丢到谷德昭导演、郑中基主演的闹剧中。

频繁乱接低质喜剧，让薇诺娜渐渐淡出好莱坞的聚光灯。一场漫长的女神交接班仪式开始了。2000年的《移魂女郎》，让性感女汉子安吉丽娜·朱莉成为奥斯卡最佳女配角，也让世界开始忘记作为主角的薇诺娜。后来，她居然因入店偷窃内衣被捕，任何体验角色的借口都掩盖不住她精神状态糟糕的现实。再后来，达伦·阿伦诺夫斯基用一部阴森的《黑天鹅》，真切呈现了彻底过气的她。关于芭蕾舞头牌之争的心理惊悚戏里，早早就加冕新一代清纯女神的娜塔莉·波特曼成了当仁不让的主角。再再后来，我在水城威尼斯见到了她。

那是2012年8月30日下午2点，电影《冰人》的发布会。刚抵达水城的薇诺娜一脸疲态，虽然甜美的嗓音和形象一如20年前，但不断“you know，you know”的好莱坞式空洞英语，不免让人怀疑她是不是嗑药了。

因为这篇“梦中情人”，一直以来仅满足于性幻想的我，才选看了她的其他代表作。最初勾住我的杂志封底，出自《编织恋爱梦》的定妆照。片中，她跟着编织喜被的姨妈们一道生活，听她们的故事，也在完成自己硕士论文的同时收获了“成长与爱情论文的结论”。银幕下，迷茫的薇诺娜显然从没完成这一功课。而马丁·斯科塞斯那部《纯真年代》中，她所饰演的梅，在射箭场轻松命中靶心后，画外音响起：“没人会嫉妒梅的胜利，好像她无论输赢，也永远如此娴静，但在她那平和甜美的帘幕后面，是否也只是一片空白？”电影中的梅，是容忍甚至怜悯着老公心外幽情的大智若愚女子；现实中的薇诺娜，迄今依然空白一片，再没仙气。

小乔：你的唇上有血有蜜

狠狠红

有那么两年，Hugo Boss 的香水代言人是乔纳森·莱斯·梅耶斯——我叫他小乔。我看过无数次那则广告：搏击台上，一男一女相互走近，擦肩而过，他扑向她，她推开他，他走远一点，她又诱惑他——反反复复。让人想起凯鲁亚克小说里的一句话，“爱情真像一场决斗，让我们再彼此深看一眼”。这是整部混乱且冗长的《在路上》里，最为动人的一句话。

如果用 15 秒来介绍小乔，这个广告大约是入门级教材。这里有他对于大众来说的关键词：诱惑，且危险。当然，Hugo Boss 只是香水界的班尼路，正如小乔也一直不是什么大牌，并且大约永远不会成为大牌——他那种如履薄冰的脆弱，随着年龄增长，已经逝去很久了。

第一次看到他，是在《天鹅绒金矿》里。这部影射大卫·鲍威的电影阵容如今看来真是华丽——除了他，还有伊万·麦格雷戈和克里斯蒂安·贝尔。不过，在这部电影中，他们都是他的陪衬。当年才 20 岁的他成为主角只需要一个镜头：穿上紫色长袍，留着浅金色长发，掩去大半张脸，弹着吉他唱《Sebastian》——孤独又自负的歌。这首歌的原唱是史蒂夫·哈利，当年 Glam Rock 浪潮里的白衬衫清俊男子。Sebastian 是一个水仙少年的名字，传说是罗马皇帝的近卫队长，

长相俊美，但因信奉基督教，宁可被绑在树上乱箭射死。贾曼的第一部长片，就是以这个故事为题材。其实，当你喜欢什么的时候，很容易发现，原来你所有喜欢的都会在某个点上相遇。

年少时的小乔，经常被称之为“妖艳”。其实要真论妖艳，大约只有《天鹅绒金矿》里这么一次。比《天鹅绒金矿》晚两年的《B. Monkey》里，他透明纯净得几乎没有性别之感。他剪了短发，皮肤是病态的苍白。没有家人，跟着一男一女两位大盗过日子，打架、盗窃、杀人，只要能跟着他们，什么都做。然而他们一个个都离开了他，他像一条没有了主人的狗，暴躁得一触即发，到处滋事，可是只要主人仍然肯回头看一看他，给他丢一块糖，就可以让他快乐一下午。就像那种街边阴沟旁的少年，或许没什么人生，也没什么未来，可是他也有爱和恨。

我后来亲眼见过他一次，在《黄石的孩子》的发布会上。他穿着白衬衫与牛仔裤，很瘦。所有对他的提问均关于周润发，“你之前知道周润发吗？”“你们在这部戏里合作得如何？”“你怎么评价周润发？”在这些问题里，我举起手，问他，“你喜欢你的老乡王尔德吗”，他很明显地惊诧，然后笑了。后来发布会结束，他从我身边经过，轻轻拍了一下我的肩膀，快速离开了。

我的右肩，承接过他的温度。那年我22岁，体重42kg，腰围1尺8。什么都好，只可惜，在见他的前一天，我花了80元，剪了一个迄今为止最失败的发型。

但《黄石的孩子》多让人失望。实际上，后来正常化的小乔都让人失望。《我爱贝克汉姆》里他是一个多么正常的帅哥，《八月迷情》是个多么正常的励志故事，哪怕是在伍迪·艾伦的《赛末点》里，他都坏得过于正常——早年他也演过穷小子渴望成功的故事，《歌门鬼城》里，他像于连一样，英俊而富有野心，戴着半边面具，孤独与疯狂并俱。他对自己的魅力那么自信，熠熠生辉，却得不到一点点想要的爱。《家庭女教师》里他苍白阴郁，爱上了自己父亲的情人，当被女主角抛弃时，他赤裸着在海滩上痛哭，像碎掉的瓷器。《圣诗复仇》里他残忍冷血，最后被割下了脑袋——所有这些不正常，让他和其他那些美少年不一样，不是莱昂纳多，不是裘德·洛，甚至不是瑞凡·菲尼克斯。他们有些是太阳，有些是月光，有些是划过天际的流星，但小乔是血月之夜乌压压的蝙蝠招摇过境。

当然，后来我也成为了一名正常的女性——十多岁的时候，我还以为自己会成为一个抽烟、文身、滥交的人呢。但现在，我会吃饭的时候选择禁烟区，早早结婚，不听摇滚乐很多年，开始觉得皮草、豹纹、Burberry的格子很美——多么中妇的品味啊。可我分明爱过小乔，在年轻的时候，你不知道，他的唇上有血有蜜。

再见青春

郑伊健
苏有朋
陈晓东
林鸿铭
蔡国庆
张蔷
胡慧中
酒井法子
柏原崇
藤真健司
仙道
上杉达也

郑伊健：谁没有一些刻骨铭心事

皮克溪

四五年级，每天统一吃早餐时是我们这些小学生叽叽喳喳交流头晚电视剧内容的最好时光。那个叫香港中文台的，刚以洋气无敌的姿态登陆本市，不是每家都能收到，但无碍那部叫《蜀山奇侠之仙侣奇缘》的电视剧以前所未有的热度垄断早餐时光。

那大概是我第一次见到郑伊健，尽管若干年后，我才知道这个名字。那时，他只叫石生。我为他穿梭于各户能收到香港中文台的亲戚家，常常没看完就被要回家的爹娘带走，一步三回头，只能第二天急奔学校听其他同学复述剧情。

邪气到底有多招小女生喜欢？哪怕情窦未开，小学生们也会被石生迷得七荤八素。尤其是，这位称霸人魔神三界的强大人物，会跟姑娘说后来传世几十年的经典台词："世间的一切是不会永恒的，可是有一点，无论我变成什么样子，我对你的感情是不会变的。"

这直接导致第二天吃饭时，有同学拍着桌子喊："余英男怎么能不跟着石生入魔道！"

这位同学未来大概成长为爱情至上主义者。而10岁的我，既不能接受为爱情背叛正义，又不能容忍为正义离开爱人。纠结几集后，惊喜发现石生又成正派人物，哪怕没红衣血魔那么帅，也解了我的选择难题。就像主题曲唱的“正义柔情永在”——简单端正极了的爱情观。

若干年后，让郑伊健大红的古惑仔角色也没有迷倒我，大概跟石生比起来，陈浩南的邪气、义气和专情，都弱了太多。

击中我的是另一个完全不一样的角色——《笑看风云》中的包文龙，毫无人气男主角必带的邪气，没什么钱，也不霸气，却靠善良、正直、体贴、有责任心这些常见的配角属性，加上专情，成为港剧里最完美的温暖草根男。

“上一次，是我这辈子最难过的一次，幸好有你在我身边。”包文龙对还没成为女朋友的林贞烈说。那一次，林贞烈打伞牵狗在大雨里静静陪着他，任他躲进雨声里大哭。

现代剧里不可能出剑共作战了，那就在彼此最艰难的时候安慰陪伴吧。

林贞烈仍然是演过英男的陈松伶演，这简直让我觉得郑伊健和陈松伶不在一起天理不容，虽然实际情况是，他俩连绯闻都没有。

童年热爱港剧港片的我，在青春期遇过大逆转。那时我自以为躲避庸俗，瞧不上商业片，只喜欢找些曲曲拐拐的文艺片，看不懂也硬着头皮看。那些童年所爱被我打入冷宫，羞于提及，认为只是自己成长时期的恶趣味，至于郑伊健，更被封存。我喜欢过他？怎么可能？

封存是一步步开禁的。某天，我在网上发现《蜀山奇侠之仙侣奇缘》的在线视频，激动地想回味童年，心里以为定会失望，却不料通宵一口气看完20集。我看清楚了当年的道具多么粗糙，人物性格多么单面，但那又如何？红衣石生仍然帅得发指，最后几幕两人跳崖，我仍然定在当下。

YCMDREAM
california

又一天，天涯看贴，有人截图了包文龙和林贞烈的故事，我追看几天，竟然在3D泛滥的时代，对着老电视剧的小小截图流泪。当年除了结局处，我似乎没有哭，因为那些都是简简单单的幸福。兜兜转转十多年，我终于明白，原来简单和纯净，才是最不易的幸福。

那个真实的郑伊健也难做到。他长情7年，劈腿被口水淹死，又长情7年，再分手，再开始的不知道是不是下一个7年。

绝大多数人做不到的，何必要求他呢？谁不是一介凡人。

最近一次看到郑伊健是在电影《春娇与志明》里，他扮演自己——曾经的大众偶像，女主角的疑似前男友，唱过一曲《动地惊天爱恋过》。男女主角大声唱着他的歌："那么疯癫过，那么珍惜过，那么动地惊天爱恋过……"

愚钝如我，终于知道那些童年迷倒我的大都算是童话，明白与一个人能保持着爱和激情相守下去，是爱情中相当牛的伟业，没几人做得到。其他的人，有心情唱一唱《动地惊天爱恋过》，已算不错。

苏有朋：被无限延长的青春

闫晗

苏有朋在采访中说：一不小心，我都成了剩男。心头略微一震，他确实不年轻了。

虎年春晚那阵，他又成了话题中心，领导让我写一篇关于他的稿子。翻阅许多资料，想寻找他独一无二的东西，但改过第三稿后只剩下一千多字，变成老套恶俗、没有生命的励志篇。于是十二分郁闷。如果是李连杰、成龙、李冰冰……也就算了。可是他，是苏有朋呀。

大约觉得，你若是喜欢过一个人，渗透了自己的时光与情感，总不该写得那么寡淡与区隔。

他仿佛是开启时光闸门的按钮，能让我想起具体的从前。比如说，那还是磁带盛行的年代，我们攒很久的零用钱欢天喜地去唱片店买小虎队的磁带。

比如说，有一个夏日，无花果树的叶子肥厚硬朗，刮在手臂上有点疼，没熟透的果实被揪下来，蒂部流出白色黏稠的液体，胶着拇指和食指。隔壁班的歪辫女孩吸溜着鼻涕在树下朗朗地说，她喜欢小虎队中最小的那一个，“长大一定开公司，只为他拍电影”。出于一种奇异的自尊，我果断露出鄙夷的神色。她怎么和我一样，甚至比我痴狂得多——怎么可以这样？

那已经是《还珠格格》、《老房有喜》时代的苏有朋，正太的容颜舒展了些。他的信息是在八卦杂志上一点点搜集出来的，那个时代还没有发达的互联网。

1988 年的春天，台北市阴雨连绵。15 岁的内向少年苏有朋参加了一次歌唱比赛，就此改变了命运。那是偶像行业最好的时代。多年后，已成台湾乐坛金牌制作人的周传雄在说起往事时，仍念念不忘自己当初的一念之差，离开了打造“小虎队”的公司，错过了这块天上掉下的馅饼。

他舞跳得不好，被戏称作“慢半拍先生”，公司要拿歌迷来信增加他的自信——多年后为了上春晚练舞，他还调侃：又要回到那个噩梦里去啦！他聪明，上节目遇到考心算，主持人还未说完题目，他就能报出正确答案。他受不了的是，成绩单发下来，后座的同学感慨：“我居然连苏有朋都没考过，还怎么见人？”

这些我都知道，对他比对自己班上的同学还熟悉，这样的了解让人觉得富足。

高中时常常在睡觉前反复听他单飞后的专辑，努力学习过那首《我会等到那一天》。暑假里看心仪的男生打球时，坐在篮球场的花坛边小声哼唱。

但是，穿插在我年少时的一些剪影，与他无关。那是个年少轻狂的时段，思想和身体都在膨胀，未来悬而未决，对生活有许多的梦想和渴望。然而，那些幼稚的、可笑的、热情的、狭隘的、宽广的年少情怀统统丢弃在长大的途中。我们都由不谙世事的少年，长成放到格子里用一定标准去衡量的人，学历、职业、工资、家庭，就这样。

苏有朋同学却因演了太多偶像剧，青春被无限延长，可他苦苦寻求转型，刻意沧桑尝试诸多怪异角色。手捧百花奖最佳男配角奖时，37 岁的他说，好像一个辛勤打扫的值日生做了很多年，却从来没有人注意到他，突然有一天，放学后，他被人叫住，很荣幸地得到了劳动模范的称号。《风声》庆功宴上，张涵予一个劲儿夸他："有朋不错，他真的很努力。"真好。我们都在自己的频道努力生活，如平行线般没有交叉。

陈晓东：风一样的男子

周蓉

有些歌是不能随便听见的。那天开车回家途中，电台DJ用播放老歌时特有的幽怨又情意绵绵的声音说，这是陈晓东的《风一样的男子》，你还记得吗？

那一刻正在等红灯，我索性拉上手刹，仰头靠在座椅上。有那么一瞬间，忽然感到特别的松懈、无力……几乎有种老不持重的矫情。

当年的他好像很红，已经唱过《心有独钟》，正跟张柏芝传绯闻。但我没买过他的盒带，没追过他的踪迹，搜集那种5毛钱一张的明星卡片时，也不会刻意挑选他。对于长相清淡的漂亮男生，我会将他们归为甜腻小生一类。那时我想，实在要喜欢，也要喜欢古天乐版的杨过，同样是白面小生，杨过多帅气啊。你知道，帅气就意味着做花瓶都有种理直气壮的骄傲，可是漂亮，显得多没底气。

直到有一天，我在电台里听到他的新歌。那时的深夜电台节目，很流行讲一段将爱未爱的故事，再放一首契合情境的歌。那晚的节目，主持人读的是我的故事。

我那时正暗恋着一个男生，不高，但瘦。在我的描述中，他像所有青春情感剧的男主角，化身为高高大大、没有半点辨识度的形象。我们的成绩不相上下，有时会一块儿帮老师做点事。他的嘴角总挂着若有似无的微笑，每当我跟女伴玩闹的时候，总会有意无意朝他那边瞥去，若他的视线刚好转向这边，我总觉得那

微笑是为我而发的。

跟大部分暗恋一样，后来我知道了他有喜欢的女生，也知道了他知道我喜欢他。没等他拒绝，我迅速写了封信给他，告诉他那已经是过去的事了。年少的时候，自尊心骄傲得奇绝，与其听到对不起，我情愿先放弃了你。

主持人读到这里，停顿下来，没有旁白，直接放出这首《风一样的男子》。写信给他时我没掉泪，写故事到电台时我没掉泪，可在深夜里听到陈晓东用异于他偶像面容的质感声音唱出这些情节，我终于捂着枕头哭了个涕泪横流——原来陈晓东也能唱出这样的歌来。

从此，我对他好感倍增。知道他风头一时无两，更被认为是四大天王的接班人。他不甘于只做偶像歌手，而去尝试电子和摇滚曲风，力求拓宽歌路。这个玉面小生的眼神里原来不只有诱惑，更有清楚的诉求。

我和那个男生成了朋友。在他的邀请下，去他的大学玩了一次。回去的前一晚，我和他以及他的室友去了 KTV，散场前我问他，你会唱《风一样的男子》吗？那首歌很好听。他笑着答，会啊。

在昏暗的 KTV 里，他唱了这首歌。MV 里，长发女子果然温柔似水、乖巧可人，陈晓东穿着白衬衫，唱着：请原谅我，像风一样的男子……他的国语不标准，衬衫要说成“cen shan”，可他的声音有超越年龄的沉淀感。在我身旁，这位我曾喜欢并且仍然喜欢着的男生，看着屏幕，一字一句唱完了这首歌。他跟他，谁唱得更动情？我几乎分辨不清歌里歌外的世界，用 10 分钟听完了我用整个年少时光喜欢的男孩唱的这首歌。可能他也想将之送给我的，只是我先说了出来。我们都想表现得洒脱、更洒脱一点。

那个 2000 年 5 月的夜晚，我永远记得。他陪我走过一段暗夜的路，然后，我们道了再见。从此真的没有再见。

很多年过去，我经历了自己风一样辗转的人生，工作、辞职、考研、结婚、生娃。间或听说他的学术生涯一切顺利，已是年轻的教授。

而陈晓东，很少再听到他的消息。近十年他没上过一次头条，只有逛他的贴吧，才知道他前几年出演了《兰陵王》，唱了片尾曲，还拍摄了台湾偶像剧。不知你看过多少？总之我全没看过。这么多年过去，他仍倔强地在娱乐圈上下求索，不闹绯闻，也鲜有轰动。遥想当年，他真是艳红艳红的明星啊。如今那些《心有独钟》、《比我幸福》、《风一样的男子》、《天亮说晚安》中的旋律随机飘荡的岁月，一去不复返了。

林鸿铭：《牯岭街少年杀人事件》里的完美少年

贾选凝

找到“喜朵”时，天已经很晚。搭出租车到信义路三段134巷，再按门牌一路摸索。路到尽头，才发现对面一只被夜色裹住的深粉色灯箱上写了“喜朵咖啡豆”的字样。在整条三段尽头的拐角，这灯箱存在得格外隐秘。而我几乎分辨不出自己的心跳是出于气喘还是紧张，只有下意识地沿着四下漆黑的砖阶路面走向店门。

我的闯入，打断了店主夫妇和一位阿伯的谈话。我样子局促，刘海粘在额前，脸颊发红，却直截了当望牢吧台后那位店主。

“我想要一杯拿铁。”“不好意思喔，我们这里不卖咖啡，只卖咖啡豆。”

“啊，可前几年还卖咖啡……那么，请问您是林鸿铭先生吗……您20年前是不是曾在《牯岭街少年杀人事件》里演过Honey？”

1991年的《牯岭街少年杀人事件》中不乏大牌，却唯独那个一瘸一拐、穿海军服的少年太保Honey入了我的心。神作名声响亮，可我直到大学读了电影专业才有耐心看完，之后一发不可收。最刻骨那遍，是跟她和她窝在一起看的投影。那年，我们三个已不再是大学同学，我在生日当天飞回北京，只为大家能见上一面。

那个下午，拉上窗帘的客厅里一直在放《牯岭街》，直到深夜。Honey 靠在窗边安静回忆他在台南的岁月：他叫手下去给他租最厚的武侠小说，小说里全城人都翘头了，老包却一个人去堵拿破仑，结果被条子削到。当 Honey 淡淡吐出书名《战争与和平》时，客厅里静到只有他的呼吸。三个女孩贪婪地用目光去抚摸他忧郁而模糊的脸。看他把那份不属于这个世界的理想主义带到了死。

顶着全片灵魂人物光环的 Honey，戏份少得可怜。一共那么三场，被我们一帧一帧用拉片式的严谨细细咀嚼过。对他的爱，澎湃得死去活来——明明是太保老大，骨子里却浪漫得要死，还长得极清秀，一笑起来，温柔得让人傻眼。他是从杨德昌的精神世界里走出来的完美少年，如此动人。

没有秘密的 Google 年代，想要找到一个当年起点那么高的年轻演员，按说不难。可我翻遍网络，讯息寥寥。《牯》之后，他只出演过台湾公视出品的《人生剧展：天空之城》，除此之外，音讯全无。我随即发现他退出影坛后，在台北大安区市立图书馆旁，开了一家咖啡店。去过的客人评价，“隐匿在住宅区的店里有很酷的手压式咖啡壶，店主表示还可以用双柄红酒开瓶器，挤压出咖啡油”。

店主就是那个海军服少年 Honey 吗？

三个人里最有行动力的女孩，那年夏天只身去了台北。她回来后告诉我们，自己在某个下午摸到那间店，独自喝了杯咖啡，见到了 Honey，也见到了他刚出生不久的儿子。

后来呢？我急切询问，Honey 变成了什么样？他为什么不再拍戏？

她回答冷静："Honey 还是那个 Honey，但他也是林鸿铭。"

我终于鼓足勇气来此，望住 Honey 那张中年人的脸。他非常惊讶，但满面笑容。"啊，所以你也是读那个北京……戏剧……？""北京电影学院。"

好像前世今生一瞬间被打通——我深爱过的少年角色、台湾电影和最好的时光，恍如一枚陈年硬币"扑通"一声投入属于它的湖底，音色清亮。

主要经营批发生意的"喜朵"如今只卖咖啡豆，但温柔的林太太仍亲手为我煮了杯咖啡。我诚惶诚恐端起杯子，看着 Honey 从里间领出已经 4 岁、会走会跳的宝贝儿子，笑着介绍"这就是小 Honey 啦"。

到底还是有个疑惑："为什么当时没有继续拍戏？"穿黑色长袖 T 恤、戴婚戒和玉石项链的 Honey 答："因为年轻的时候骑摩托车摔到腿。其实《牯》拍完后同时有六个导演来找我，但实在没办法……不过也是因为这样，才认识了我太太。"

"觉得遗憾吗？""最开始会有吧。后来……人生就是这样子啦。真是好多好多年前的事啊。"

我突然懂得了朋友说过的那句："Honey 还是那个 Honey。"

他的确是 Honey，也的确是林鸿铭，一个没有冉冉升起的少年明星。他走进了自己的平凡人生，开了间喜欢的咖啡店，过着安得其所的日子。我突然觉得，当年戏里那个杨德昌导演挚爱到愿意亲自去为之配音的 Honey，如果生命结束得没那么短促，一直是个面色忧郁、读《战争与和平》的少年老大，那么，若干年后他终于成为江湖传说而退隐之际，大概也会开间这样的咖啡店：有精致的咖啡壶、不同品种的咖啡豆和花草茶的“喜朵”。

临走时，我向他们夫妇鞠躬道谢。想了又想，“谢谢你让我走出了牯岭街”——这本想讲给 Honey 的矫情句子，还是咽了回去。

蔡国庆：我上小学时的偶像

桑格格

我想严肃地谈论一下我人生中唯一一次追星经历，希望你们也严肃地读，虽然对象是蔡国庆。那是小学二年级时发生的事，无论如何我是敢于面对自己过去的人，希望你们也是。

小孩子对美的认识是很直观的：馒头是要白的，花儿是要红的，所以，他，我的蔡国庆，一个唇红齿白的男娃娃，深深地吸引了我。他站在台上，紧身牛仔裤、白衬衣外扎、套着一双牛仔长靴，这一身打扮虽然让他略显臃肿，但当他无比深情地一开口："一年有365个日出，我送你365个祝福……"我就陷落了。

小学二年级女生的陷落是极其认真的。我到处寻找关于他的画报、采访，可惜那个年代没有网络，我唯一的信息来源就是几本杂志——《当代歌坛》或者《大众电影》。我只恨这些杂志为什么那么没眼光，为什么每期都扯那么多没用的人和事，一点我偶像的消息都没有，白花我的零用钱。有天放学，我背着小书包走在回家路上，刚刚被老师骂过，觉得人生挺没意思的，突然看见一个旧书摊，就蹲在那里看起来。我拿起一本旧杂志，脑子"嗡"的一声就炸了，脸涨得通红——天啊，一张蔡国庆醒目的照片在有点污渍的纸张里对我巧笑倩兮！我小心地向四周看了看，确定没人和我抢，紧紧把那本杂志抓在手里，尽量平静地

对老板说：这本多少钱？老板完全不知道那杂志对我的价值，轻飘飘地说：一角。

回到家，我用毛巾把照片擦了又擦，小心地剪下来，贴在文具盒里。从此，我上课的时候，总是和偶像深情对视。

我妈对我这个爱好并不反对，但也没给予充分的尊重。电视里蔡国庆要是出来了，她会叫我：“唉！你的菜鸽子来了！快来！”我就闪电一般出现在电视机前，等看完了才严正批判我妈：“人家叫蔡国庆，不许叫人家菜鸽子！”

有段时间，郁钧剑在成都广播电视报上写专栏，专门写他在文艺圈的逸闻趣事，我就一直追看，万一他提到我的偶像呢？果然，有一期他提到了，主要是写蔡国庆多么的德艺双馨，让我满意极了。我激动地给报社写了封信，请他们转交郁老师，内容是我很喜欢他的文字，以及抒发对蔡国庆的热情，最后说能不能要一个他的地址。要说啊，那个年代的明星真是好心肠，郁老师给我回了信，还是用毛笔写的，高级得很！他安慰了我，说我是个有眼光的好孩子，最后给了我蔡国庆的收信地址。

然后我就开始了给偶像写信这个漫长的系统工程，所有的零用钱都变成了购买信封和邮票的专项资金。起初是每天一封，其实我激动起来一天可以写3封，不过为了确保偶像每天都有得收，并不是一起寄出，而是细心地编上号，隔天再发。可惜从来没有回音。慢慢地，写信频率变成3天一封，一个星期一封，半个月一封……最后，我毛了，在信里说：我是一名患有癌症但是身残志坚的少年，最大的愿望就是收到您的回音。

还是没有回音，我开始消沉了。我妈说：哎呀，这个娃娃最近咋个吃饭都不香了呢？而我，躲在房间里，反复听他的新专辑：“北京的桥，千姿百态；北京的桥，瑰丽多彩……”唉，他还是那么销魂。

快要考中学时，一天，我收到一封北京来信，像是一封公函，内容是蔡国庆要出写真集，请歌迷们踊跃购买。我把信扔在一边，像是什么都没有发生。后来，这样的公函又来了两封，我妈看不下去了：哎呀，多少钱一本嘛，我给你买一本！

我笑了笑，对她说：不用了，你不懂。

张蔷：在几千万个螺丝钉的耳朵里歌唱

苏阳

1983年，我家在银川新市区氮肥厂的厂区平房。夏天，外面在放炮，院子里有人考上了大学，大人们在羡慕地谈论。我对这些屁事没兴趣，但我们这一波也开始准备考高中了。我在又一次逃学后被抓了回来，假模假式地学了段时间，也考上了高中，去了银川市区。

市区很繁华，繁华的主要标志是大街上的商店里都在放音乐，很大声。从1985年开始，只有两个人在每一条街上唱，一个叫张蝶，很凶猛地唱《成吉思汗》；另一个是张蔷，长得像默默无闻的女同学，但公然出现在磁带封面上的大爆炸头，成了掩盖一切的光环。她矫揉造作的嗓音，撒娇的歌声，比邓丽君更靡靡、更火辣。在公园里和父母不在的家里，四班有几个人天天抱着吉他，他们从来没有完整地弹过一首曲子，但都能完整地哼唱张蔷的旋律。

平静而浑浑噩噩的日子没过多久，就又开始混，一混不可收拾。旷课，顶撞老师，后来干脆被开除了。那段时间，我和四班的几个在校生在外面喝了一场大酒，后来到了一个哥们儿家里，他把音乐放得很大，伴随张蔷起哄的歌声——《来自心海的消息》什么的，好几瓶铁盖子银川白下肚了。

已经不知道是第多少次出走。银川的冬天，晚上很冷，我走进一家小饭馆，

屋里两个胖女人在聊天，穿着油腻的白褂子。我要了一个烩小吃，热腾腾的，很快吃进去，身上有了一点汗，我想这下不会冷了，一出门，走了几步，汗马上干了，潮冷。马路上车不多，旁边的商店里放着张蔷的歌声，“喔喔耶耶，爱你在心口难开……”这时候我觉得她的歌声真好听，人来人往的街道，路灯很亮也很冷，可是我不知道该去哪儿。

只能回到新市区。棉纺厂离我家不远，那时候很荒凉，不过还在生产。女工们在忙碌，机修或者别的车间都是男的，墙上的大字醒目：我愿永远做一个螺丝

钉！他们比我们大四五岁，也没什么娱乐，1983年和区建一公司的另一帮人打群架，百人大战，没死人，但他们运气太差，赶上了“八一八大逮捕”，不管情节轻重，通通进去了，男职工宿舍少了很多人。晚上，不上班的、老老实实的螺丝钉们睡觉，不合格的螺丝钉们有时会递给我一个马桶包，“去，买几瓶银川白。”有一次，小宝领着我们从家属院偷了一只鸡，用煤油炉炒了，开始喝。

一般几个宿舍用一台录音机，张蔷唱着“每次走过这间咖啡屋……”，喝到后半夜，会带着脏话说说各自看上的女人。有时候喝着喝着就吵起来或者打起来，酒瓶子从窗户扔到楼下，玻璃碴溅到墙上，保卫科会过来收拾他们，乱作一团也没有人关掉录音机。

时间就是这么过去的。大部分人，按部就班，初中、高中，考不上大学，照例成为螺丝钉，当学徒、工人，或者当兵，通过介绍，找到老婆或者嫁了，然后继续在岗位上当好螺丝钉。有些在光荣榜上闪光，多数默默无闻暗淡无光。歌星张蔷在那两三年内歌声遍布了几乎所有地方，她的听众，我的同学和哥们儿，有的还在高中，有的当工人，或者从农村到了城里，或者家里有门路去当了兵，更小的尕子们因为逃课、巷战，看《少女之心》和穿喇叭裤弹吉他而被看作道德败坏。少管所和号子里连迟志强的《铁窗泪》都难以和张蔷并驾齐驱。

后来我想，是不是只有这么粗糙的歌声，才属于我们，属于不合规格的螺丝钉？在中国的万千街道响起张蔷歌声的时候，我敢打包票，没有谁的爹妈会喜欢这样的歌声。可是，谁占领街头，谁就是偶像。

转眼20年过去，谁都会忘记谁，更何况一个歌星的名字？劣质的效果器、笨拙的合成器、傻乎乎的节奏和着撒娇而畅快的歌声，有时候我会觉得，那才是勇气，深深地抓住了我们80年代的干渴的心。干渴的才是值得珍惜的，其实无所谓音乐的好坏。

前几年，偶然在音乐网站上听到消息，张蔷回国后自己开演唱会，在北京发了新专辑。她自己改编了这些歌，开始追求完美了，节奏更准确了，音色也时髦了，形式更是跟上了时代，在主流媒体中经常出现，却不出意料地不再鹤立鸡群。

过去的，就是过去了。活在新世纪里，也有人拿着双卡录音机、黑胶唱片，那是怀旧了。我们知道，无论是邓丽君还是张蔷，都再也不是那个3亿人的梦中情人。货架上，主角在变，酒桌旁也不再是双卡录音机了，掏钱的人也有了不一样的名字。

张蔷的听众们，长大了或者很快老了，好像半锈的螺丝钉，我们偶尔在银川见到都不太敢认对方了。谁都没有变成一条好汉，有时候我会想起大家当初倔强的眼神和那些傻乎乎的豪言壮语。

今天看来，大家都在不一样的经历中学乖了——工厂、学校、医院、部队，甚至监狱。做生意的很多，赶上了改革开放的好时候，来了点钱，有的做了二道贩子倒服装，有的开了专卖店，有的挖矿，有的捣腾房地产。有些同学办公室的真皮老板椅后面的墙上，挂着“俱往矣，数风流人物，还看今朝”的大幅毛笔字；他们座驾的前挡风玻璃上，挂着毛主席或者雷锋的头像。大家都忘了，大腹便便的我们，很多东西都丢在了围墙、营房、号子或者机关。我们现在和自己的孩子说话，都开始学着道貌岸然了。

万达广场门口的臭豆腐摊子，响起了“你是天边最美的云彩，切克闹，切克闹……”你以为这是新的张蔷吗？错了，另一些年轻人已经留起了比国外乐队更鲜艳的头发，放低了电吉他的背带，每一个半大的尕子都自信地在一万人面前嘶吼，哪怕他只会3个和弦。这，重要吗？暂时忘掉螺丝钉吧，文身越来越漂亮，偶像爬上了小伙子的脊背和丫头的乳房。不用再遮遮掩掩，放肆的荷尔蒙像潮水一样席卷着各类音乐节和选秀场所，冲刷着偶像的记忆。没人在乎，曾经有一个那么浪和嗲的女歌手，在几千万个螺丝钉的耳朵里唱歌。

胡慧中：记忆最适合安放的地方是过去

牛曼

电影《那些年，我们一起追的女孩》结束的时候，有些人站起来想走，又坐了下来，因为结尾处有花絮。我一个人坐在那儿，把所有花絮都看完。我想到了很多曾经看过的花絮，它们如同天边的星光隐没在脑海里，此时，又杂乱地浮现。

花絮这样的形式，八九十年代的电影中很常见。成龙的电影用得最多，每部片子结尾的时候，你总会先琢磨一下，这一次，他摔得会不会比上次更惨。我印象最深的花絮，来自一部记不清名字的电影，说的是胡慧中、李赛凤、吕良伟在拍摄时出了意外，由于爆破时间有误，三人身上着火，被从楼上炸了下来，伤得最重的就是胡慧中。我是在舅舅家看的录像带，心理还着实紧张了一番：胡慧中长得那么漂亮，会不会毁容啊？

那个时候，电视上几乎没有娱乐新闻，对于我这样一个在小镇长大的孩子来说，消息更是严重滞后。其实，当我在为胡慧中的脸蛋担心的时候，她已经伤愈复出，下一部电影都已经拍好了。

像我这般担心胡慧中的人似乎不多。同学当中，有喜欢翁美玲的，但我觉得她有些刁蛮；有喜欢杨盼盼的，但我觉得她太死气沉沉；更多人喜欢的是周慧敏，说她是长得最漂亮的女明星，但我怎么一点儿都没看出来呢？

欢胡慧中？当然得说《霸王花》。我觉得这才是一部人性启蒙片。里作陪衬的是飞虎队，飞虎队最主要的气质是猥琐。此前，我所看里，坏蛋和英雄大致是分明的，港片也不例外。但是，看到飞虎队，一种人很难鉴别为好人还是坏人，那就是——贱人。飞虎队就是贱

队和霸王花之间进行的三局两胜制的空手道比赛么？霸王花胜唯一打赢的那个队员却受到惩罚：3000 个俯卧撑。冯淬帆所扮训队员说：你以为一个男人出手打伤一个女人是光荣的吗？

自己喜欢的女人打伤那才是光荣的事情。当胡慧中的腿踢出的她脚板上的是自己的脸。示弱有时候比逞强更管用，就像《那对柯景腾说：你故意办一场比赛把自己搞受伤，为什么这么幼在喜欢的女人面前，男人都是幼稚的。

年代，打打杀杀的形象更容易深入人心，而一个像男人一样能打的漂亮女人就更无敌了。马家辉说过一句话：脸上刚柔相济、阴阳相携、女生男相的多半是美女，这正是某种类型的女人吸引男人的地方。这句话原本是形容林青霞的，但多半可以解释我当时为什么喜欢胡慧中。

为什么用“多半”？因为当我看了胡慧中一部风格和《霸王花》完全不同的影片后，仍然喜欢她，那就只能解释为：你喜欢一个人就是喜欢一个人，而不是因为她的性格和脾气。

1990 年的暑假，我在电视机前看了中央一台播放的电影《欢颜》，见识了另一个胡慧中。这是她的处女作，片子里有很多齐豫唱的台湾民歌，但熟悉的只

有《橄榄树》。也正是因为胡慧中在香港在台湾，你觉得足够远，才会有一种对陌生世界的想象。有一年春晚，当胡慧中在倪萍的介绍下出现在舞台中央的时候，我没有任何愉悦可言，她不应该来这里，她应该在远方才对。更糟糕的是，她还在《重庆谈判》这样的主旋律电影里成为了一个被延安所吸引的女记者。

情人若在梦中，梦里的空间也是有好几层的，我给自己找喜欢胡慧中的理由也只是落到最上面的几层，而最深的那一层，却总是和现实中迷恋的人有关。

就在看《欢颜》的那个暑假，我去参加了一个绘画兴趣班，以此打发南方酷热的夏天。让我感到振奋的是，我喜欢的一个女生也来学画了。那是我暗恋的第一个女生。我念小学三年级，她念四年级，我觉得她长得比胡慧中好看。

我记得，那是看了《欢颜》的第二天，绘画课休息的时候，她和另外几个女生说到了这部电影，还哼起了《橄榄树》。显然，她们没看开头，并不知道电影的名字，相互询问着。我听到了她们的谈话，鼓足勇气凑了过去，说了两个字：欢颜。她们只是盯着我看了几眼，并没答话。而我，脸上发热，快要昏过去。

我是个极度害羞的小孩，根本没有勇气再找机会跟她说话。直到小学毕业，她跟随家人离开了这个小镇，我再也没跟她说过一句话。实际上，我从头到尾只跟她说过两个字：欢颜。

十多年过去了，从别人那里得知，她也成了记者。某一次，夏天的晚上，在她工作的城市，我路过她的单位门口时，与一家三口擦肩而过。我可以肯定，那就是她和她的父母。我从未想过要跟她相遇，那一刻，有些不知所措，在一排大王椰的树影下，我沿着马路一直往前走，直到拐角处，转身向右，始终没有回头。

回头并不一定会有好的感受。同样过了十几年，我没有打听过任何关于胡慧中的消息，为了写这篇文章，我百度了一下，惊奇地发现，她拥有的一个头衔是——江苏省政协委员。所以，不要问她从哪里来，也不要管她到哪里去，记忆最适合安放的地方是：过去。

酒井法子：日式纯爱

赖宝

经常会庆幸自己生于1981年，能够乘着改革开放的春风接触各种父辈们想都不敢想的外来资讯、文化与人物；同时又能在那个资讯相对不发达、粉丝相对不懂八卦、明星相对不会被深挖的时代，心无旁骛地喜欢自己的女神。比如，我能够在酒井法子还是酒井法子的时候一见倾心，爱不释“眼”。就如同山口百惠绝对是50后、60后中国男人的集体梦中情人一样，酒井法子应该是70及80后的少男杀手、大众女神。在她之后，随着“玉女”、“清纯”等词汇被一一颠覆和毁灭，中国男人心中再无正经日系玉女偶像，而再舶来的、被口口相传甚广的各路东洋女神，性质早就彻底变了，你们懂的。

必须实话实说，第一次接触酒井法子是买了她的磁带专辑《微笑》，当时根本不知道这女子是何方神圣，完全是在那个花季雨季蠢蠢欲动的年岁，被封面上好看的五官与纯得前所未见的笑容所吸引，就琢磨晚上睡不着时，可以拿出来看看封面和歌词内页上的照片，慰藉一下当时那颗懵懂的少男之心。

我至今仍记得那天晚上把磁带放进随身听，酒井法子的歌声荡漾出来时，我那无以言表的心情——天使面孔竟然还有这般天籁之声！虽然完全听不懂唱的是什么，但这一点不妨碍我循环地听了一整夜。所幸当初年纪小，还没龌龊到听着

其声想着其人的程度，从根本上杜绝了对这位梦中情人的玷污。

磁带自然是拿到学校向同学们炫耀，却珍惜到连下课时分都不愿借同学听一下的程度，生怕弄皱了封皮弄坏了内页。我甚至有一种诡异的心态，酒井法子的歌声就是属于我的，不想与人分享。之后的岁月自然是一头扎进了对她深深的迷恋中，收集专辑、贴画、大幅海报照片……我甚至将酒井法子主演的《同一屋檐下》和《星之金币》的整套正版 VCD 买回了家——要不是母后也爱看这类家长里短的日剧，可能我偷钱买碟这桩事故遭受的就不只是三级家暴了。

我从小就是比较闷骚的类型，再喜欢、再狂热也都放在心里，绝对干不出一些粉丝举着牌子边哭边号“我爱你”这种事儿来。后来她怀孕结婚，我早恋

高考；再后来她宣布退出娱乐圈，我开始接触互联网；再再后来她全面恢复演艺事业，我初涉 AV 界……实话说，这些年网络带给社会的很多东西是毁灭性的，多少玉女多少女神被网上各种亦真亦假的爆炸性资讯毁于一旦。而关于酒井法子，离婚、吸毒、潜逃、自首、刑役……各种完全不该出现在她身上的词汇，偏偏残忍地全都成为现实。人的长大是停不下的，该变的早晚会变，那个清纯脱俗的微笑玉女早就不在了，当然，那个听着梦中情人歌声整夜自我感觉美好的少年也早就不在了。

所幸在网络混迹多年，早就学会对灰色调和戾气自动屏蔽，有些回忆需要保护，就像酒井法子，我把对她的一切感觉停留在15到18岁那最美好的3年中，那是我个人的非物质文化遗产。《微笑》专辑的磁带磁粉早已脱落得放不出声音，但封面上那个微笑，依然清晰动人，歌声也依旧随时吻在耳边，“就让我留下一个微笑，温暖你的回忆……”感谢酒井法子，也感谢自己对她这份保存至今且再不会出现第二次的纯爱。如今的日系梦中情人非苍老师们莫属，但我打赌，所有人对以苍老师为首的这批活跃在国内的日系女神们，都绝对不是纯爱了。

柏原崇：他是云上人，我们在土里

社社

在我近十年的回忆里，有个人的消息定时消失，又常常隐现。如今，听到就罢了，而在少年时期，每每在报刊亭的《当代歌坛》上看到听到，都会欢快地穿过校门以及遍是黄土和沥青渣的操场，跑往教室，与同桌和后桌激动地小声聒噪。我们不会在学校以外的任何地方讨论他，顶多怯生生地步行至二十分钟以外的“北冰洋”，叫一杯几块钱的速溶咖啡。同桌比较含蓄，后桌则往往用略显做作的话剧腔指着那些杂志说：“我早就跟你们说，柏原崇现在真的很红。”

对于柏原崇，我的心情正如苏东坡所说，长恨此身非我有。《一吻定情》里的入江直树是我们都想成为的样子——样貌好，成绩惊人，骄傲。骄傲也是我一直都想拥有的品质，多数时候我和我的同学们寡淡无味，少数时候我们各自自卑。

万里之外，柏原崇像是生活在云上的人。与他相比，我们是土里的瓦砾。我们在学校苦读，偶尔去租书店借书借杂志，讨论那些新奇而异态的事，而它们则以我们从未留心的方式潜移默化地敦促我们离开此地，离云上的人近一点，再近一点。那是一种本能而愚昧的发愿。

课间的一分钟和五分钟，我们都给了他，讨论照片和剧情，他们的样貌和绯闻，如舞台剧也如脱口秀。聊得久了，总会有人着魔的。

高三第一学期的一个夜里，沙尘暴很大，我们骑车到学校上晚自习，后桌没来——她跟家里闹翻了，一心放弃高考，准备退学去日本打工，刚好有个亲戚在那儿做工头。她成绩一般，但也能考个专科，我们都劝她，她的眼神里有股不管不顾的狠劲。“去日本我就能见柏原崇了”，我始终记得这句话。

我们都需要在青春期营造一个可供臆想的形象。后桌同学为去日本在家割腕，以死相逼，未遂。救过来被父母暴打一顿，老老实实回学校读书。这事渐渐平息，柏原崇因此成为禁忌话题。

不可思议之事在另一个黄沙呼啸之夜发生了。同桌拿一张A4纸，在网吧打了一条娱乐新闻回来，“日本偶像柏原崇因打人事件被经纪公司雪藏”。“打人”、“封杀”，我们都傻了。真遗憾啊，我们的偶像，那个骄傲的入江直树，那个A

班A生。

几年后，我和后桌同桌才看到《情书》，才看到被更多文艺青年称赞的藤井树。那时我已经不喜欢藤井树了。高考之后，我到了湖南，后桌去了天津，同桌留在西安。《一吻定情》有了更新的版本，更年轻，更高，未必更美貌但更新鲜。被雪藏后的柏原崇没能维持事业的辉煌，不再是娱乐圈的宠儿，除了零星的铁粉和游击粉，他的贴吧门可罗雀。而我跟后桌同桌的关系，也跟大多数高中同学一样，偶尔想起，并不怀念。某一年，我跟我妈在一路公交车上看到同桌和她父亲，彼此都没有打招呼。

不久前，我打开网页输入柏原崇，显示的是“柏原崇+TLY”。她是谁？这个柏原崇跟我们记忆中的柏原崇，是同一个人吗？在百度知道里，关于“柏原崇为什么不红？”，有几个回答：打人、雪藏，还有怪病和因为恋爱引起的麻烦——他交往了一个有男友的女人，女方前男友与经纪公司一力封杀了两个人，导致他主演的电视剧集临阵换角。他努力过，也绝望过，某年发誓年内事业若无起色就退出演艺圈。他试过和弟弟组乐队，却归于寡淡。

回望十年，那是柏原崇的梦碎时分，也是我们的梦碎时分。我们渴望从土里奔向云端，他从云端踉跄着不想跌进尘埃，最终我们殊途同归。我最近在做的工作，跟一档选秀节目有关。每天都会看到无数好看的男孩，他们中的一些会成为云上的人，绝大多数则继续在土里挣扎。

藤真健司：最后的夏天

李珊珊

指着杂志里的梦中情人，跟几个实习生谈起我的：“灌篮高手里的，不是樱木，不是流川枫，也不是仙道彰，是那个既做教练又做队长的。”我一时想不起他的名字，幸亏有个90后姑娘提醒：“该是藤真吧？”

没错，就是他，藤真健司。我淘来挂历纸大小的贴画贴在高中宿舍床头，还时不时晚自习逃课在寝室跟他说话。

究竟喜欢这个栗色头发男人的清秀长相、温润眼神，还是为了显得跟别人不一样？我想不清楚，但确实，看完翔阳与湘北的那场四分之一决赛后，我就正式喜欢上了这个翔阳的队长兼教练。

这是个优秀的男人，眉眼精致，温润如玉，坚定，再加点儿致命的小骄傲。虽然戏份不超过15集，却还是集世间美好于一身的样子。与他比起来，流川枫过于做作，仙道不够漂亮，而樱木，不过是凭运气坐上了主角的位子，才敢这样张狂。

坐在教练席上时，藤真有冷峻的眼神，知道抑制自己想要上场的冲动，他知道，作为教练，他的责任是给予队伍足够的信任，那是他的骄傲。翔阳落后，藤真被迫上场那一刻，导演给他配上了甩掉外套的夸张动作，还有不知名的美妙

音乐。然而，等导演要求的 pose 摆完，他只是简洁地对应该下场的队友说，“伊藤，你回去吧”，配上温和的微笑，像叫人喝水、吃饭般自然。他用自己的镇定告诉队友：有藤真在的地方，就是最好的球队，没什么可怕的。

那一场，他上场 14 分钟，卡通片拍了 6 集。比赛结束时，翔阳比湘北差两分，翔阳队长射出的 3 分球在篮筐上滚了几滚，斜滚出来。这是没办法的事情，他只是个配角。比赛结束，藤真哭了，他三年级了，那是最后的夏天。

那一集结束，陵南的教练说：“如果翔阳有一个真正的教练，如果藤真从一开始就上场，结果可能会不一样。”我那时却执着地认为，这句话完全不足以掩盖作者的残忍——一个最优秀的队长、教练，却配备了最平凡的队伍，在藤真的那支队伍里，除了他自己，所有队员直到去年都还只能坐在休息区……

很多年后，我在百度藤真贴吧里看到一句话：“如果你喜欢的不是主角，那么注定以一声叹息结束。”那个世界里，喜欢藤真的人居然不少。人们谈论这个与赤木晴子并称《灌篮高手》中最漂亮之人的男人，他的家世应该不错——藤真属于日本天皇赐给贵族的姓氏，而“健司”这样长长久久过日子的名字，则应该暗示藤真的父母心境平和。那些喜欢藤真的人把他比作周瑜、慕容复或者随便怎么努力却最终承受失败的漂亮人儿。虽然，所有这些人都没有藤真这样光辉闪闪。

我高中时的敌人——就是每个高中女生都会有的那种宿敌——那时的一大爱好是，拿我在床头贴了个漫画人物的事儿开涮。不过，很多年后，握手言和的我俩都不得不承认，把藤真当作梦中情人是个明智的选择。十几年过去，杀猪刀般的岁月划过，黄日华结婚生子，有了白发；威廉王子长残了；莱昂纳多变成了秃顶大叔……而藤真，始终停留在少年时的那个夏天。

仙道：天才少年与理想自我

徐琳玲

2012 年夏天，在网上瞎逛的我，被一条微博萌得头昏目眩。羽毛球明星林丹在伦敦奥运会夺冠后，接受了一次访谈，说到自己右臂上刻着一串英文“until the end of world”，是日本动画片《灌篮高手》的片尾曲。他说：“画面的最后是樱木花道远去的背影，我突然觉得有一天，如果我要离开曾经挚爱的球场，留给大家的，可能也是这样一幅画面吧。”

心绪飘飘，仿佛回到十来岁拉风少年的时代。嗖地，心头浮起一个面带笑意、剃着刺猬头的俊朗少年形象。哦，那是“仙道”！

仙道，全名仙道彰，《灌篮高手》里的一个配角。这是一片另类而华丽的“绿叶”——陵南队的灵魂人物，神纳川县著名的“天才少年”，高一时被田刚教练发现，从东京挖到了陵南私立高中。

“我一定会打败某某某的”，“我们一定会赢的”，“我的目标是——称霸全国”，在一大群青春期荷尔蒙过剩的《灌篮》少年中，追逐胜利和与之而来的征服感是人生的全部动力和意义。于是，云淡风轻、嘴角似笑非笑的仙道像一片空灵的羽毛，飘进了一个高一女生的内心。

在一干人物里，他是唯一纯粹享受篮球带来的乐趣的人。对仙道而言，篮球

只是他所钟爱的有趣游戏。在赛场上，他从来都是懒洋洋的。只有当有趣又意志顽强的对手出现，才会被激发出斗志来。

在热血沸腾的“灌篮”世界里，仙道注定是边缘的。散淡随意的个性，决定了他不会在以胜负为标准的世界里行走得太远。直到《灌篮》结束，仙道连参加全国大赛的资格都没拿到。

可是，连神纳川县第一高手的牧神一都承认，这是一个可怕的对手，他是真正的无冕之王。湘北险胜陵南后，心高气傲的流川枫觉得自己已然“独孤求败”，决意去美国 NBA 谋求发展。小小的自我膨胀被安西教练一句话就戳瘪了——“我看过对陵南的比赛录像，你依然比不上仙道。”

其实，仙道打动我的，另有一个莫名而诡异的原因。在一帮牛气哄哄的少年中，仙道性情温和，为人友善，懂得欣赏他人的闪光点。当第一主角的樱木花道还是一个什么都不懂的“篮球素人”时，仙道已瞧出这个红发“怪咖”的天赋和爆发力。

福田那句台词怎么说的——“他（樱木）可是让仙道刮目相看的男人！”仅仅这句，就让仙道在我心里有了不一样的分量。

在被考试与排名重压的高中岁月，身边的女生分为经纬分明的两大阵营，“流川命”与“樱木粉”。当时，我是铁杆“樱木粉”，随时做好和“流川命”斗嘴的准备——哪一个才是真正的天才？哪一个更帅？哪一个才个性迷人？成年后，我常常在想一个问题：我们的那些梦中情人，到底有着怎样的象征与隐喻？我们在谈“梦中情人”的时候，到底在谈些什么？

在记忆的小溪里，我审视着我所喜欢过的一长串或真实或虚构的“梦中情人”——名单长得我都不好意思提了。

这一定超越了所谓的性幻想层面，譬如，对于仙道，若能进入漫画故事中，作为“女粉”的我，顶多小脸涨得绯红，捧着一个本子走到偶像面前，怯生生地说，“仙道学长，可以给我签个名么？”万一，他随后还握了握我的手，是不是我从此再也不洗那只手呢？好纠结的问题。

或者，像《灌篮》里风风火火的女记者——相田弥生，倾倒于仙道的篮球才华，全然不顾编辑部主任的反对，一心把大块的报道版面献给自己的“梦中情人”，恨不得让全国人民都知道他的大名和篮球绝技。听着好疯狂。

记得当时，班上有个眼神和成绩一样雾蒙蒙的漂亮女同学，和我偷偷讲起她的一个梦——在梦里，她竟然和偶像手拉手，在夕阳下的大海边谈了恋爱！

她是“流川命”！这大概就是“流川命”和“樱木粉”的根本分歧。

我想，许多像我一样粉过樱木花道的少男少女，其实只是喜欢少年时那一部分的自我——单纯、热血、冲动，一往直前，行事不留余地和退路，总以为世界是按自己的理解和意愿运转的。

至于仙道，那代表着我们神往的部分，发自内心地欣赏，渴望自己拥有、但尚未修炼到家的东西。他的散淡与友善，他的才华横溢，他的神出鬼没，他收放自如的小小任性，以及在关键时刻纵横开阖的游刃自在。

回到那句让我激动的台词——“让仙道刮目相看的男人”。这似乎有点像“理想自我”拍拍一个“真实自我”分身的肩膀——“某某小同学，你真是好样的！”

如此，相比仙道，代表“领导型人格”的藤真不够率性与洒脱；个人至上的流川枫，胜负的机心太重了；樱木同学呢，是一个未经雕琢的“本我”，本真、率性，但内心多少还期待一个更加理想的“超我”；至于浪子回头的三井寿，年少得志、遭遇挫折、自我放逐、王者归来，符合英雄故事的陈旧桥段，太苦情，太老套了！

当然，仙道也是有弱点的——一个天才的脆弱。在陵南对决海南的那一场，因为大前锋被罚下场，需要同时扛下攻守重任的仙道打得相当辛苦。吉田福兆请求教练让他上场——“再这么下去，你会伤了仙道的骄傲。”——我的胸口微微酸痛起来。没关系，我的梦中情人不是上帝，他不需要完美无缺，个性上有几个小小弱点，只能让他更加富有人情味！

毕竟，我们总不希望那个“理想的自我”太遥不可及吧。

上杉达也：青春就是一场上进的春梦

张蕾

高中念文科班，身边清一色的女孩子。严厉冷酷的班主任为了杜绝一切早恋可能，将班里仅有的7名男生全部放在最后一排。因为实在没有真空罩，还是有两个男生与倒数第二排的两个女生谈了一场轰轰烈烈的高中恋爱，另有两个男生向心仪女生表白被拒。

我坐在教室中间，前后全是姐妹。三人连桌时的两个同桌都是温柔得不得了的淑女。我们有次讨论梦中情人，她俩的答案开启了我对女人心的初步认知。A一说起琼瑶剧《一帘幽梦》里的费云帆就两眼含情，口水都快淌出来；B最爱的竟然是孙悟空。前者的价值观现在看来再正常不过，至于B美眉……放在今天，我也会赞她明智——有什么比"无所不能"更让女孩心动呢？虽同属于灵长类，可问题是孙长老是出家人吧……她去日本留学后，嫁在当地。姑娘东渡，取得真经了吧。

在我看来，自己的审美最正常：要帅，有天赋，有梦想。我喜欢的是动画片中的人物，《灌篮高手》里的流川枫和《棒球英豪》里的上杉达也。喜欢流川枫的女生，多执迷于外表，有受虐犯贱倾向——这样的男人不爱任何人，只爱自己，爱自己专注的那个领域。喜欢上杉达也似乎接上点儿地气，但"上杉达也比世界

上任何人都要更爱浅仓南”——本质上还是琼瑶梦，把自己幻想成完美女主角。

本着土象星座特别爱反思自己的性格特质，我分析了一下为什么所谓“梦中情人”都是体育健儿而现实中当我站在体育大学的校园里长达4年，看着无数帅哥从身边经过却一滴口水都没掉。答案大概是，青春期最大的才能展现是挥霍青春，汗水和荷尔蒙很迷人，是梦想模糊的代名词。大家做着重复的算术题，写着相似的文章，穿着相同的服装，做着整齐的广播体操，相当迷茫。这时，身边一个大眼睛鬼机灵的男生带着校足球队打进了市里比赛前三名，成为“病夫”学校史上最好的运动成绩时，大队辅导员头一遭在全校面前不按讲稿地热情赞扬这个

学习并不出色的男生："他说，他要成为马拉多纳！"

全校都笑了。我们笔直地站在队伍里——每天聆听革命教诲，却在那一天听到了梦想的声音。邻班班主任突然转过头问我："他什么时候冒出这么个想法的？"作为他短暂的同桌，我红着脸，摇摇头。我连"马拉多纳"四个字怎么写都不知道，却觉得那是世界上最好听的名字。

天赋和梦想，没有比这两样叠加更吸引人的了。有一年去日本，还专门跑到甲子园的球场。傍晚，球场已关闭，绕着走了两圈，想象着高中生的比赛，竟然会有全国直播，姑嫂叔伯挥着扇子呐喊助威。明青学园的当家投手上杉和也死在决赛日当天的阳光里，他的双胞胎哥哥上杉达也接过棒球手套——他一直刻意避免与弟弟竞争甲子园的梦想，随便捡了个拳击来练，还是因为旁观者原田老兄敲打他："你再这个样子（颓废）下去，浅仓南谁也不会选。"甲子园是青梅竹马的邻家女孩浅仓南的梦想，也成了上杉兄弟的梦想。达也用两年时间追回了因顾及亲情而一度放弃的天赋，也追回了小南与和也的梦想。

青春就是一场上进的春梦啊！

灵魂的香气

林青霞

张曼玉

钟楚红

周慧敏

舒淇

王菲

周迅

徐静蕾

林芳兵

龚雪

安吉丽娜·朱莉

罗密·施奈德

科特尼

乌玛·瑟曼

林青霞：仅向岁月微微低头

李霄峰

2008年年底，我和张元导演等人前往迪拜电影节参赛。那五天是我参加电影节最荒诞的一次经历，每天从迷宫一样的酒店建筑群坐船出发，拿着免费餐券到一家家风味不同的自助餐厅吃饭。你会觉得这个地方很辉煌——仅仅在刚到来的一两天，因为它的一切都是人造的，树、鸟、花、草，甚至饮用水。用张元的话说，就像每天生活在景片里。

然而金钱堆出来的电影节还是有效的，主办方对所有宾客的礼遇也值得当面称颂。我们每天中午起床，饭后在房间楼下的游泳池游泳，在波斯风格的小院斗地主，再去吃饭。直到有一天晚上张元无聊得在餐厅里睡着了，我身边的加拿大影评人冲我使了使眼色，眼珠子像做贼一样迅速环顾四周，小声说：“Do you think this place is too much？”

Too much，形容得够准确，这是个毫不掩饰地追求财富与权柄的世界。

最后一天早晨，我们坐船来到一个露天餐厅吃饭，正对面长长桌子的一头，一位戴着墨镜的女士出现在桌边，她是林青霞。

我们上前与她握手、打招呼。她摘下墨镜，鱼尾纹伴随着洁净利落的笑容漾起在眼角。她老了，自自然然地老了，可是她的眼睛令我吃惊，那是少女一样单

纯坦率任性的眼神。

握手的那一刻平静而又简单，如同生活中与所有人的相遇。

1988年我还在上小学时，第一次在电视上看见她。她正对着大陆观众介绍自己，就是这样的眼神，自信，锐气不可逼视。

20年的距离是一言难尽的，温文尔雅的秦汉不在她的身边了，如同纯真的心灵生活早已离我而去，不知所终。

在这20年里，我小学时最喜欢的女生去了美国深造，初恋女友离了婚又结了婚。妈妈老了，爱上了养花与种树，每天对着一缸金鱼像对着自己的孩子一样说话。

在这20年里，我明白了人与人之间最基本的原则是交换，即便是美，也不能美在真空里，它必须拿出来交换别的什么。

如果让我从眼前的世界总结出一些真实的道理，那么我所见的美丽在生活中无一不依附于财富与权力。所谓艺术，所谓美，不过是资本与政客的兴致爱好，如同迪拜这一方人造的天地中，电影人不过是一群吆五喝六的江湖人士，自由散漫，追寻的光芒都在心里待价而沽。

然而在这20年即将过去的时候，我却在一个穷奢极欲的空间里看见了少年时代的女神。她是那么完整，就像一棵成长得愈发茁壮的树，你除了看得到它的年轮与坚强，并无从知晓年轮里藏着多少苦痛与秘密。

90年代和发小一起看《纵横四海》，周润发在海边大喊："青霞，丽君"，我们笑得前仰后合，后来集体出游南京的玄武湖，也在湖边大喊："青霞，丽君。"

神奇的阿拉伯世界，到处都是石油点燃的神灯，少年时的期许像免费午餐从

天上掉了下来。丽君不在，青霞真美，头发和20年前一样乌黑茂密，声音也是哑哑的，像一个仅仅向岁月微微低头的奇迹。在人与人的相遇中，没什么比一个礼貌而美丽的陌生人更加令人喜悦，它让人暂时忘记这一路走来经历的多少次内心的坍塌，忘记每天在迪拜昏天黑地荒唐无趣的生活，让我们得以在海边握手而不发一言，如少年般纯真闪耀。

这大概就是在一个Too much的世界，遇见她的全部意义。

张曼玉：因为干枯，美得更加纯粹

何小竹

喜欢过很多女影星，基本上从看电影开始，对每部片中的女主角都会产生强烈的爱慕。比如《英雄儿女》中王芳的扮演者刘尚娴，《野火春风斗古城》中的王晓棠，《铁道游击队》中的秦怡，在一部记不住片名的电影中演女理发师的王丹凤，前苏联片《乡村女教师》中的那位女教师，《魂断蓝桥》中的费雯丽，以及《小花》中的陈冲，《牧马人》中的丛珊……但爱慕归爱慕，还说不上偶像。由于从小有当作家的野心，偶像多为作家和诗人，如高尔基、卡夫卡、博尔赫斯，真正将影星当成偶像的，张曼玉是第一人。

但为什么是张曼玉而不是她同时代的诸如林青霞、钟楚红这一类更漂亮性感的女人呢？这个问题我现在也回答不上来，似乎没有任何理由，就将对她的爱慕上升为偶像了。以至于在生活中，如果碰到谁说张曼玉也是他的偶像，我就会对此人顿生好感。其实，我也想不起第一次看见她是在什么时候，哪一部影片中。她出演的电影我是颠三倒四地看的，包括后来在电视上陆续看到的她演的那些乱七八糟的喜剧片中傻乎乎的角色。她是有点偏傻的，无论是在悲情片《旺角卡门》、《阮玲玉》、《花样年华》、《东邪西毒》，还是在喜剧片《青蛇》、《新龙门客栈》、《济公》，乃至搞笑片如《东成西就》、《追男仔》、《家有喜事》里，

她都不是那种看上去很聪明的女人。傻气要么外溢，要么透在骨子里。生活中也是，一次次被男友抛弃，或即使不是被抛弃，也是一厢情愿搞不成，傻乎乎地被媒体写出来，显得很没有面子。但也许就是这种“傻气”，让我对她刮目相看。

她的的确确是一个了不起的演员。这种有些“傻气”而又天资不凡的女人，就适合将自己贴在虚构的角色上，以他人之性情演绎自身的丰富。她什么角色都可以演，都敢演。这一方面是香港电影工业的特色，但也不无她本身的无畏与无所谓，反正都是演别人，反正自己就是一个演员。但是，到后来，她功成名就，喜爱她的人多了，却审慎起来，开始拒绝，并不怕淡出银幕，过一种隐居式的普通人的生活。这似乎说明，她成熟了，也越来越看重演员之外的自己，而这个自己早已经过了许多坎，可以不再将名利放在眼里，更对容颜衰老这样的事情不以为意，尽管她有被外界称为不老的女人这样的光环。但人是会老的。记得2004年，好友洁尘和小你在一次聊天中对我说，你的偶像张曼玉瘦得不像样了。

我看了她们拿出的画报，第二天便写了一首诗，《再说我的偶像张曼玉——答洁尘、小你二友》：

昨天，你们告诉我／张曼玉瘦得完全干枯了／我一看，是那么回事／她还穿吊带裙／干枯得一目了然//我静静地坐了一会，想说点什么／我想说的是，她也美丽得更加纯粹了／“他人成熟了许多”／这是她对前夫阿萨亚斯的评价／她还说：“阿萨亚斯最懂我”／正是因为蒸发掉了体内多余的水分／她才能够说出这样得体的话//当人的身体与时间发生关系／要么发胖，要么干枯／在我看来，这两种情况／还是发胖更致命一些

钟楚红：晚熟时刻，散发香气

韩松落

看到钟楚红比较晚，已是80年代中后期了。某次在杂志上见过她的照片不久，电视台播出《刀马旦》片段，她梳着春丽式的发髻，侧着脸，眼波里有娇嗔、有威严，明艳不可方物。照片上的她，对于内地少年来说，太过洋气，电影中的她却光洁整齐，像一个没有时代感的发光体，两相结合，刚刚好。从那以后，只要看到“皓齿明眸”、“明眸善睐”之类的词语，第一个便会想到她。

19岁时参选港姐，因不会穿高跟鞋而落败，只得了第4名，却也因为这种质朴率真的性格，获得电影人的青睐，由此走上大银幕。《胡越的故事》、《男与女》、《竹篱笆外的春天》、《刀马旦》、《秋天的童话》、《伴我闯天涯》、《纵横四海》，香港黄金时代的电影记忆，许多与她有关。

她是那个时代最美貌也最松弛自然的女明星。《杨凡时间》里写到刚出道的张曼玉与钟楚红，两人对镜头的态度大不相同，张曼玉严肃认真，钟楚红放松随意，她觉得，“研究得太多就没那神韵”。两人一起拍海报，张曼玉努力培养情绪，钟楚红“把头发弄得像稻草乱糟糟一团，一件over size黑色大衣披上，不到5分钟，也交了功课。张小姐看了，马上认输”。杨凡接下来又闲闲提了几笔：

钟楚红喜欢逛美术馆，而且绝不走马观花，在每幅画前左右端详，远看近看。她逛美术馆和阅读英文《南华早报》的习惯，曾被高等文化人士引为话题。

《杨凡时间》里，提到张曼玉处也多，但每次提到钟楚红，都满含惺惺相惜之意。后来他的《意乱情迷》上映，钟楚红替电影造声势，为《花花公子》拍了泳装照，“有人说红姑不必如此牺牲，红姑却答，杨凡用自己的辛苦钱拍戏，需要帮助”。

性情、素养，呼之欲出。

有了这些旁注，才可以明白她后来为什么会做出那样的选择。1987年她认识朱家鼎的时候，已经是最红的女明星，而他的灵智广告公司创办不过4年，虽然获奖众多，但还属要倾力奋斗力争上游的企业家。钟楚红在与朱家鼎低调恋爱4年后，与这位其貌不扬的“眼镜仔”结婚，并于1994年宣布息影。

1991年12月10日，钟楚红与朱家鼎在美国举行婚礼那日，天上下起了小雨，虽然钟楚红很为婚纱的拖地长摆心疼，但是当地人告诉他们，结婚当天下雨，可是个好兆头，钟楚红于是笑了起来。所有这些细节，都征服了一个正在长大，对美貌之外的美亦有要求的男孩，其中的温润、祥和像广告片，却比广告片更真实。

与那些貌似情深意笃、总要拖着手微笑着出现在众人面前的众多伴侣相比，钟楚红恐怕是少数几个让人心服口服的女明星中的一个。她和他周游世界，与他的奶奶朱老太和睦相处，为他学习厨艺和园艺，从不懂厨艺到自称可以弄出满汉全席。他需要安静，她便把自己饲养的鹦鹉尽数送人，以至有人说：“香港十对明星夫妻中，八对离婚，一对因习惯懒得离婚，唯一一对恩爱夫妻，就是红姑和朱家鼎。”

在朱家鼎去世后的追思会上，纪念册里有钟楚红写给丈夫的信：“你知道吗？你给了我人生最精彩的20年，让我认识到人生的真善美，最宝贵的是我曾经拥有你，直到永远。”而他最经典的广告名句，正是“不在乎天长地久，只在乎曾经拥有”。

有人说，她最有眼光，挑选了一只若干年后身家上亿的潜力股——不，不是这样的，她的幸福不是源于此，她的眼光也不仅限于此。她知道自己要的不是一张俊俏的脸和若干金银细软，而是像亦舒所说的那种好男人：“真正的男人，是保护女人的男人，一切以她为重，全心全力照顾她心灵与生活上的需要。”她看中的是他成为良伴的潜力，成为亲人、成为家人的潜力，而不是他作为企业家的潜力。她勘破的是所有人都懂得却不愿付诸实践的道理，并身体力行，由此获得了幸福。尽管这幸福最后戛然而止，但那纯属偶然、纯因命运，而她的选择却是必然。

她后来复出，不是大刀阔斧的那种，只是拍拍广告、走走秀。人到中年，渐渐懂得木心的话：“不再看文章了，看那写文章的人的脸和手，岂非省事得多。”与她同时代的女星，到了中年，多数有一种苦相，正像黎坚惠所说，老去的女明星，在照片上的表现不对了，因为灵魂深处，有些部分死了。钟楚红却照旧有种馥郁芬芳的姿态，像略微熟过的苹果、桃子，浑圆而且饱满，内里的香气似乎盛不住了，微微破皮而出。看得出来她的内心是充盈的，影像里的她，依然让人想起那些词语：皓齿明眸、明眸善睐。

《刀马旦》中曾有首叶倩文唱的主题歌：“风儿在吹啊那云儿飘，天边响起歌谣，花落花飞云来云去，要躲也躲不了。”躲也躲不了的，不是命运，而是自己选择的命运。命运的因果论里，每节循环上的大小结果，都其来有自。包括晚熟时刻，是散发枯涩之气，还是香气。

周慧敏：那种美好，让我感念至今

袁弘＿口述（马李灵珊＿采访整理）

我理解的梦中情人是我们所向往的美好人物的代表。她隔着距离，不可触碰。

刚上初中时，我买了一本杂志，插图是周慧敏，我对她一见钟情。当时已经有了男女有别的概念，她是我喜欢过的第一个异性明星。

那种感觉，不是偶像崇拜——我没看过多少她的作品，不了解她的资料，只是单纯觉得她漂亮。在一本杂志里，她穿着一身纱质礼服，戴着帽子，我大为惊艳，剪下来贴在课桌前，天天看着。还有一张照片，她穿了件低胸的衣服，我很惊讶，当时她可是玉女形象啊！那本登了这张照片的杂志，被我一直放在课桌抽屉里，足足放了一两年。我时不时就拿出来，看看那张照片。

我看过她的第一部影视作品，是她和刘青云演的《大时代》。在那部电影里，两人用粤语唱《大河谷》，我觉得很好听。其实，以前我也听过这首歌，但都觉得没有她唱得好听。从那之后，爸妈再看股票时，我也变得特别关心。

那还是1996年，我在音像店里买了好几张她的专辑。当时爸妈不管我的早饭午饭，所以我手上总有些余钱，多出来就去买专辑。《拥抱真情》、《多一点爱恋》，还有最有名的《自作多情》，“不要自作多情去造梦，给我尽献殷勤等

接送”，到今天我还会唱。

初中时，学校门口有人摆地摊卖明星海报，女明星的我买了周慧敏，男明星买的是吴奇隆。奇怪的是，有个学姐看到，故意在我身旁买了张林志颖，特别大声地说：男明星当然这种才是最帅的。这大概是我第一次体会到，审美的异同会让人如此介意。

我还买过周慧敏演唱会的VCD，今天回头看，记忆已经一片模糊。只有一个片段，我仍然记得很清楚，是她在弹钢琴。当时我的感觉像中了奖一样，涌起一种附加的喜悦——她竟然还会弹钢琴！

那时候，男生女生还羞于讨论自己喜欢谁，只会一本正经地说：我觉得谁挺不错的。大家都不好意思公开表达自己对异性的好感，即使她是明星，离你千山万水，仍然羞于开口。

我妈有个好朋友，在某报社文艺版工作。她对我说：“你喜欢周慧敏啊！不早说，下次她来武汉，我们一起吃饭的时候带上你。”她就随口一说，我却当真了，一直等着。饭局没等到，她就已经退出了。

她退出演艺圈的消息，我是在一本杂志上看到的，倒没有晴天霹雳之感，就是有点吃惊。她这么红、这么好，为什么要退出呢？她要结婚了吗？结婚也不需要退出啊。真奇怪。后来知道她的男朋友是出版业巨子倪震。你多少会有一点感觉，他像你的情敌一样。他是谁呢？为什么会把她弄走呢？要知道，她毕竟是在最红的时候退出的。

后来，倪震搞出了激吻门，和她分手又闪电结婚。这一切让我难免惊讶，但并不替她不值。这是每个人自己选择的生活，让一切都顺其自然吧。

2003 年，我第一次去香港。在街头，公司同事问我，你喜欢哪个明星？我说，周慧敏。那一刻我突然反应过来，这里就是她的城市。

这么多年过去，偶尔再聊起当年喜欢的明星，或者梦中情人，我都会说到她。

忽然有一天，她又出现了。2006 年她复出开演唱会，我已经开始做演员。她消失了这么久，可是看新闻，复出的她还是那么漂亮。从头到尾，我喜欢她，就是这么一个庸俗的理由。

对美女明星，比如《倩女幽魂》里的王祖贤、《泰坦尼克号》中的凯特·温丝莱特，我都很喜欢，但周慧敏，还是特别的那一个。

到现在，我都没有见过她。如果有一天在街头遇见，我应该会冲上去，对她说一声 Hello，就够了。

虽然都在演艺圈，但我从没想过要和她合作。对于她，就应该远远看着，让她漂在梦中。

每个人都需要这样一个人物，能够符合你心中的美好想象。今天再回头看她，她的歌、电影、图片，当年我所感知的全部，其实只是娱乐产业打造的一个完美产品。我甚至不知道她有什么才华、她是什么性格、她是怎样的人。但那种美好，让我感念至今。

舒淇：淡似微风，行若游魂

陈淡秋

一直以为是1994年，当真要动笔的时候，查到的结果却是1996年。不死心，又查了好几个地方，给出的答案都一样：1996年。就连舒淇本人，在2012年3月27日发表在官网上的那篇《回归简单的源头》里也说，那是17年前的事。17年前的1995年，电影拍摄，1996年，电影上映，那部电影叫《玉蒲团之玉女心经》。

已经毕业了，我们还滞留在学校，无所事事地游荡，到了晚上，就去录像厅看录像。录像厅非常破败，沙发肮脏不堪，空气里弥漫着烟、酒精和尿骚味。之所以有尿骚味，是因为夜里零点以后，录像厅开始播放通宵电影，为了回避警察检查，通常会锁闭大门，关闭灯光，将音量调到最小，并在后墙角置一铁桶，所有人一律不得进出，一旦内急就在铁桶里解决。

深夜的银幕上，舒淇出现了，第一次，她被徐锦江背着，眼神迷离地从镜头前经过，所有的小伙子都惊呆了；另一次，她扮演的幻姬，穿着一身黑纱裙，头戴面纱，在烟雾迷茫中，从夜色里走进一间屋子，两条长腿在纱裙下若隐若现，全场又是一片寂静。她是谁？没人知道。我们知道李丽珍，但不知道她是谁，她演的角色是神秘的，她的来历更神秘。资讯不发达的1996年，她和幻姬一样，没有前因后果。

然后是《色情男女》、《怪谈协会》和《红灯区》。但她再次给我留下印象，却是在《美少年之恋》里。这部电影中的女人，比那些地下生存的男人更像鬼魅，不论林青霞还是舒淇，都是涩涩地出现，飘忽迷离地离开。然后是《玻璃之城》和《碧血蓝天》，赵文卓离开的早晨，舒淇用手指抠抠白床单上的印迹，突然笑了，性感得惊心动魄。

总之，一部电影里只要有舒淇，总会让人记住某个有她的片刻。《洪兴十三妹》里，她抱着一束花，沿着一条斜坡，慢慢地走上来；《北京乐与路》里，她在大棚歌舞团的舞台上，漫不经心地左摇右摆，眼光抛向舞台下的某个人，竖起一根指头，抵在唇间；《幽灵人间》里，她心事重重地走在街上；《夕阳天使》中，她和赵薇的那段打斗；还有《最好的时光》，舒淇似乎有一种光辉，连脖子的筋

脉都是戏。

一旦和别的女人放在一起比较，她就显得轻得过分。两部《非诚勿扰》，和走马灯一样出现在电影中的其他女人比起来，她似乎不像个实体人。而在《10+10》里，她静静坐在老太太旁边，听她讲过去的婚俗，像个随时会走掉的过客，尤其在老太太一生的内容的压制下，她更像是个游魂。

我曾说，影像里的舒淇，“是柔和的、轻盈的、恬淡的，有点风情，但已经被打磨得很圆润了，有光辉，是3月的那种光辉，不使劲，不乖张，也不露痕迹”。但更多时候，我的确觉得她像一个游魂，是小时候营养不良（物质上的和精神上的营养不良），长大后又经历过些严重的时刻，被打散了魂魄之后，才有的状态。她娇柔、没气力，是夜里的人被太阳照到了，再多照一会儿就会被嗤嗤地灼出洞冒出烟来的那种娇柔。她恬淡、安静，是猫变了人形，但还是老想要卧着的那种恬淡。在与她有关的报道里，提到一旦拍戏的时间拖得太长，她就支撑不住。她说，拍《夕阳天使》，在七八月的香港，打斗戏拍到12个小时以上，越过了她的工作时间极限，她恼火到摔手机，但我觉得那毫不意外。

我觉得自己知道她是什么样的，但又很想知道她是不是如我所想。后来，有位朋友在采访过舒淇之后，和我聊了两个小时，因为，她看到的舒淇，有许多让人大惑不解的细节。她总像是欠着别人点什么，说话很娇柔也很小心，拍照片的过程中，她要经过一群在后台置景的工人，她抱着一堆上镜要用的衣服，低着头很快地跑过去。当时，正是华语娱乐圈女星自立门户的高潮，许多二三线女星都创立了属于自己的公司，但当我的朋友问舒淇有没有这个打算的时候，她却表示，从没起过这种念头，问及她对婚姻有无期待，她表示不相信爱情和婚姻。

她散淡如微风、电波、耳语，像所有这些形散神散却又乱人心神的东西。

2008年冬天，我在杭州机场候机，旁边的队伍里，同样排队等待的，分明是文隽先生，他穿着羽绒服，拖着简单的行李，后来我知道，他是去横店探班，陈嘉上正在那里拍《画皮》。队伍行进得十分慢，我足足做了半小时的思想斗争，想要跟他打招呼，又担心会非常冒昧。终于错过了。

我想跟他谈论的话题之一，就是舒淇。

但是你知道的，对于一件正在进行中的事，就是你似乎什么都知道，却又什么都不知道。而我有时很期待时间快快过去，只留下该让人们知道的和记住的，比如舒淇那种不知由来的游魂般的气质，就像我初次见到她时的样子。

王菲：多仙出一个尖儿来的仙女

大姿

还在报社工作的时候，某天晚上，躺着躺着，想到王菲有天也可能突然不在了，忽地从床上坐起来，盯着被子上的印花，陷入深深思考：假设这天到了，我还能写稿子吗？能说服领导做10个页码的专题吗？头版用哪张大图？用什么点来串？素材够全吗？……这么想着，一个鱼跃蹿到写字台前，打开电脑，点开F盘，双击“faye”文件夹，把她的图从头翻起。

那晚整宿都没睡觉，起初还琢磨“做专题”，翻了一会儿图片就如痴如醉起来，等想起来抬眼看窗外的时候，天都大亮了。

有段时间很焦虑听到谁宣布自己也是菲迷。我会立刻在我们之间立起一张试卷，摁着对方答卷并严肃宣布：考到及格线，您才有资格喜欢她。后来我在网上震惊地看到真的有这么一份试题——有多难你知道吗？动手做下来才发现，自己也是勉强过关而已。

菲迷“资格认证”事件对我来说很像前不久惹事的韩三篇，大家有没有资格“讨论民主/讨论自由/竞选/当菲迷”？——当然有啦，谁都有。看过一位资深菲迷在文章里漫不经心地写天下菲迷四万万，顿时在心里好一顿握拳猛砸手掌心儿：人家怎么就那么大度？一点儿不挑。我的偶像那么好，人人都该喜欢她。

上述资深菲迷有奇遇，听说她因为文章写得好，竟然被在网上偷偷潜水的王菲看到，在一次活动中把她从人群中拣了出来，两人从此成了好友。在我看来，这个故事的感人程度仅次于某位迷人的球星从女球迷里挑了一位娶回家当老婆的传奇。是谁来着？博格坎普？

菲迷跟球迷很相似的一点是都爱逞强、爱论资排辈。球迷云集的论坛里，大家一言不合就开始“我看拜仁的时候，马特乌斯还有体力顶上去打半场后腰呢”；两个菲迷吵架，也经常会扔出“你还是去听听武道馆的《波西米亚狂想曲》4分28秒那个高音的处理再回来讨论吧”的呵斥。

这是偶像常青带来的“恶果”。但是谁说王菲是“常青树”我跟谁急——你才常青树！

要让粉丝承认自己也是一个“雷粉”是件困难的事。我至少经历过两件事。年轻气盛的时候非常好胜，爱跟人在网上做些显然是谁也永远无法说服谁的穷嚷嚷。话说天涯有位著名的“菲黑”，一堆马甲，不过辨识度都很高，因为这位的语气很特别，她用数据说话。她把历年来另外两位香港歌坛“天后”级人物的唱片销量都摆出来，跟王菲的唱片销量对比。公道地讲，三位女唱将各有胜负，拉平了看相差并不多，所以这位想力证：如果王菲是天后，那其他两位也必须是；如果其他两位不是，那王菲也必须不是——就这么件事儿，吵了好几年。我一开始还冲上去企图搏斗，但很快发现这位马甲老师跟方舟子一样可以以一敌万，正常的菲迷早撤了，长期不懈跟马甲缠斗的基本都是听不得别人说偶像一句不是的雷粉。那位倒成了个“雷粉萃取机”，谁上去跟他吵，谁雷。

这是一桩。后来就是微博事件。我比周围所有人都晚相信那真是王菲。甚至都市报的娱乐版都报了，时尚杂志都采访了，我还在那儿咬牙呢。

我心里的王菲不但是仙女，而且比别的仙女还得多仙出一个尖儿来。站到阵前接受朝贺也罢，摇摇尾巴卖个小萌也罢，似乎都不是带尖儿的仙女会做的事儿。

可事实大家都知道了，王菲自己也娇羞地承认了，带尖儿的仙女爱人间。

醒了之后有一个非常沉重的反思期。想象中那个冰冰凉没啥体温没啥烟火味儿的玉人，一下子灰飞烟灭，心中很是五味杂陈。主要的感情还是觉得自己讨厌，跟世上所有雷粉毫无二致，口口声声喊着“爱”偶像，其实手里握着把刀，把一个真人砍成自己希望的样子供在神坛上，还要沾沾自喜。

一个荣迷跟我说：这样的王菲多么可爱，我们荣迷多希望哥哥也能活到有微博的年代，哥哥在微博上肯定很有个性，相信他会吐槽很多他看不惯的东西，毫不遮掩，你们菲迷要知足。

这两年毕竟没那么痴迷了，但还是有两个意外收获：先是2010年跑去上海看她的演唱会，被30米外她细瘦挺拔的身形严重励志，回来发奋减肥不辍，迄今为止腰带已经进去了六个眼儿；再就是认真科研了嫣然慈善基金的运作方法，人生中第一次基于了解而信任了一个慈善项目，静心细想，有澄明的成就感。

周迅：此致，敬礼，周公子

史航

我知道，你这辈子，太多人用古灵精怪四个字来形容你，从媒体到影迷再到你的合作者。那我就不用这四个字来讲你。

我哪里是倔强之人，只是在你面前，不想泯然众人乎。这跟孔雀开屏，跟男生爱在班花面前顶撞老师，本质上没什么区别。不过是想让你多少记得我一点。

苏联老电影《办公室的故事》，小职员诺瓦西里采夫喝了点酒，对女局长普罗科夫耶夫娜说话就放肆了些："我太想给您留下好印象了。"女局长阴沉着脸："你已经留下了。""那我想再加深一下。"

我写这文章，也就是想再加深一下。

那次你上《艺术人生》，说起童年被家人罚站，你喜欢站在墙边，盯着墙上裂缝，觉得是在看天上闪电。我记住了，以后再看见闪电，就想着自己是站在你家墙壁另一边，跟你在看同一道裂缝。

对不起，我又把抒情段落讲得像鬼故事了。这样不好，你是不喜欢恐怖片的，贞子爬出电视机你都不爱看，那次你跟赵薇上什么节目时说过。

我也不爱恐怖片，贞子那电影我也没看完，还把音量关到了零。都怕看恐怖片，这很好，就像幼儿园小男孩，发现自己觉得好看的女生，跟他一样不爱吃

菠菜。

我们觉得哪个人好，就会拼命寻找跟人家一致的地方，然后作为同类项，渴望被合并。

吉卜力出品的《岁月的童话》，你看过吗？有个男孩，气哼哼截住放学回家的女孩，凶巴巴地问：“晴天、雨天和阴天，你喜欢什么天气？！”小女孩战战兢兢回答：“阴天。”男孩说：“我也是。”然后男孩脸红，转身往回跑。女孩也脸红，转身也往回跑。他们迅速拉长了距离，像两只惊弓之鸟。

所以我偶尔也会猜猜，你是喜欢晴天，雨天，还是阴天。

也想象过跟你在另外什么时空相逢，比较有意思。

也许是“文革”，满城都在烧书，你说你要看一本小说，比如《战争与和平》，我就穿一身军装，挥舞着皮带，满街转悠，留心被人践踏或抄没的每本小说。《战争与和平》是四卷，也许我终于找到第四卷，俯身拾取时被察觉，被追捕，气喘吁吁跑过你面前，脚步不停，将书抛在空中，自己把追兵引走。等我甩开追兵，回到这条街，也许已是80年代，你已出国。

我虽是个做编剧的，真编起白日梦，水准也不过如此。

其实，我也有专业的一面，遇到什么好故事，就想着你可不可以演。像个旅人，走到哪里，都想带回纪念品，放在另一个人的案头。

以前在新浪微博说：“终于知道我多喜欢周迅了。买碟看《苏乞儿》，难看到眼前发黑。可周迅出没其间，我还是不生她气，只当是好演员到大烂片卧底。为她，我忍过《恋爱中的宝贝》和《孔子》，还可以忍更多的片子。只是迅哥儿，你自己选片要当心，我最多浪费两小时，你浪费的生命肯定会更久啊。”

其实，你演的好电影我也有些没看，甚至是别人一提你就会想起的电影。我觉得我要懂得节俭。一个人一生能拍的影视剧有限，我细水长流地看，才不会断顿儿。就像一个会过日子的松鼠，会把它的松果藏满整座松林。

对你有印象，是从《荆轲刺秦王》开始。“跪下乞食，日子不尊严。”我忘不了你的语气。你是一个盲女，固执地望着一个方向。那副样子，只能用《桃花源记》的五个字来形容：“仿佛若有光。”

确实有一种光。从此，这盲女开始用她的一袭白衣照耀我。这角色让杀手束手，让菩萨低眉，让乱世为自己感到羞愧，让后世几次想承诺——再来投胎吧，这次你不会夭折……

《夜宴》，你唱起《越人歌》。我想起你在《艺术人生》里说，幼时掉进池塘里，邻居阿姨看见了都没去救，以为那里漂的就是件衣服。这首《越人歌》，就像是你唱给池塘里漂着的那个小姑娘，她也不惊惧、不呼救，还觉得这样漂着很好玩。

去桃花岛时，曾经同船，那船叫“金庸1号”，我始终记得这名字。

修百世方可同舟，我不信，我觉得挺简单就同舟了。

你演过我写的戏，念过我用智能全拼打出的台词，这就很好了。那个蓉儿，是清爽大气我见犹怜而又敬的蓉儿，是真的能跟她靖哥哥共度中年危难、战死襄阳城头的蓉儿。

《风声》，开头就是你的好。你接了电话，走回李冰冰身边，一口饮尽杯中酒，取了大衣往外走。那种流畅，像在看你飞檐走壁。中间跟李冰冰交心，你那么难过，我想你是特别在意姐妹感情的，这太好了，重色轻友的女子不足取。

电影结尾也是你的好，顾晓梦的那几句旁白：“国家当此危难之际，吾辈只能奋身不顾，以求挽救于万一。”在影院就背下来了。读史料常见到这样雅驯从容的词句，但影视剧中往往措辞平庸，自说自话，写着民国事，用着不尴不尬的新中国腔。而你的声音质感，大大加分，像被你的声音带着，穿越回去，看到了你的牺牲岁月。

《龙门飞甲》，你说江湖越走越远，也就越害怕了。声音不高，像在描述一个自己不喜欢的梦。

你演七姨太，静静开门，娴熟地欺负痴心的青云大师，在我心中《大魔术师》这才开场。我说这回迅哥演花瓶，演的是古彩戏法的花瓶，云在青天水在瓶的那个瓶。可爱又会演，会演仍可爱。这10个字，没几个女演员做得到。

你看我说这么多昏话梦话，会笑吧。没办法，没梦到过你。古人说，惟梦闲人不梦君。只好把梦里该说的话，拿到光天化日来说。反正，人间一场大梦，有情未必得人。这么说说便好。

萧伯纳在情书集里说："有人也许会埋怨，这一切都是纸上的。让他们记住：人类只有在纸上才会创造光荣、真理、知识、美德和永恒的爱。"

活在厚脸皮老头之后真好，他替你说出了很多撑场面的话。

我那么晚才看到你，因为《荆轲刺秦王》，这也好，因为那时我已成年，稳重了。

此前，在高中，我还拿虫子吓唬喜欢的女生。你看你没有出现在我们班，有多幸运。

其实，别的都不重要，你一定记得看那部动画片《岁月的童话》，也叫《回忆点点滴滴》。

此致，敬礼，周公子。

为所有八竿子打不着或打得着的回忆。

徐静蕾：狗仔的厚爱

关军

由我来写“梦中情人”，似乎对这个代表着荷尔蒙旺盛分泌的词语多有不敬。从1980年代初期开始，陆续喜爱过几位女明星，譬如张瑜、张曼玉、王菲、徐静蕾。对于她们，我的感情投入显得太过清淡，“吝啬”到未曾买过她们的海报，连印有她们头像的杂志封面都没有刻意收藏过，更遑论其他方式的狂热痴迷。

在我的青少年时代，人们对明星的倾慕是非常低调、非常私人的，而且如我这样闭塞的小城男孩，几乎是青春期快到尾声的时候，才会面对杂志封面的美人照产生些许的内心冲动。知道徐静蕾这个名字，我已经大学毕业三年有余。

无论以怎样的标准考量，徐静蕾都算不上大美女，之所以可以跻身当年的“四小花旦”，说明偏好这一款的除我之外还是大有人在的。她有着未必很多但在这个圈子里显得足够特别的才气，也具备北京女孩特有的自信和淡然（正当青春的年龄也不忌讳被称为“老徐”）；虽貌不惊人却不着意粉饰，身上也缺乏那种充斥演艺界的欲望。

这么一个北京女孩出现在视线里，当时的感受确实是清风拂面。既有邻家女孩儿的亲近感，又带有不随流俗的小清高，恰能打动彼时的我。追溯回去，才情和小清高也是张瑜、张曼玉、王菲她们的特质，但若论淡然清丽，无疑徐静蕾可以提供更多。

让徐静蕾一炮而红的《将爱情进行到底》，我至今没看过，她的多数作品，我也都没看过。追究起来，这算哪门子追星，哪门子的梦中情人？吸引我的仅仅是一个毕业不久的女星自身的形象与气质。那时还不知道徐静蕾擅长书法，更无法预见她会成为在国际上拿奖的导演，也不知道她与著名作家的忘年深情。如果有人问我比起其他女明星，徐静蕾对于我有什么意义，我也只能说当她出现在电视荧幕或杂志页面的时候，我的目光会驻留得更久更专注一些。无他，此人的风格让我觉得舒服，就这么简单。

虽然自己对女明星的情感投入如此寡淡无味，从另一个角度看，我的“梦中情人”才是真正意义的“梦中情人”，因为后来相处的女友，居然都是小有才情、淡然清爽的类型。所谓的梦想照进现实，我应该是一个践行者吧。

更值得炫耀的是，我还疑似“梦想解构者”——2006年的一个冬日，我曾与两个“狗仔队”成员蹲守徐静蕾，不是为了一睹芳容，而是要偷拍传说中她与某男星的出双入对。对于真正的粉丝而言，要去见证梦中情人有了现实情人这一事实，该是多么残酷。

当时我供职于一家报社，主动申请去采写中国“狗仔记者”的生活。巧合的是，受访的一组记者，正好准备去跟踪拍摄老徐。我第一次近距离观看自己的梦中情人，居然是在这样的场合，该看作天赐的福利，还是命运的揶揄？

在朝阳区的一处高档公寓外，我们窝在一辆老旧的夏利车里，从上午8点开始守候。9点多，“老徐”坐一辆商务车而来，她穿一件灰上衣，系一条绿色的

围巾，脚踩一双红皮靴，优雅地踱进了二单元，那里有她的工作室。我们期待她与一个男人并肩出来，或者早早离开工作室去赴一场约会。

等待红皮靴的时间，足足有13个小时，实在是漫长的煎熬，由此也约略体会了如今粉丝们蹲守偶像的艰辛。直等到月上柳梢头，老徐才终于出现，独自上了赶来接她的商务车。苦哈哈守了一天的“狗仔们”眼睛放光，驱车尾随，可惜老徐的司机车技高超，居然很快消失在浩荡车流之中。“追星”居然追丢了，我们懊丧不已。

清楚地记得老徐在单元门出现的时候，一位“狗仔”叮嘱另一位“狗仔”的话：“别用闪光灯啊，拍‘老徐’这样的好人，我们得客气点，虽然她不会把我们怎么样。”一位女星能得到“狗仔”的如此待遇，我这个准粉丝心中，不免暗自舒服了一下。

林芳兵：被大自然做成风骨的女人

大仙

比起现在的白富美，1965年出生的扬州美女、1982年北京电影学院表演系女生、1986年进入北京电影制片厂的女演员林芳兵，应该是她们的鼻祖了。她身高1米76，足以傲睨群芳，一览众妞小。一阵风过后，自然有玉树临风；一缕烟飘过，必须请芍药含烟。所以，林芳兵当年，是被大自然作成风骨的女人，她要矮10公分，绝对是林黛玉形骸再现，演电视剧《红楼梦》就没陈晓旭啥事儿了。

当下流行的气质美女、知性美女、氧气美女、宅男女神，这些词汇搁林芳兵这里都不好使，因为她全占了。这四大气质在她身上实现了无缝连接。在80年代那片滚落的尘埃中，林芳兵已初显高端大气。

头一回在荧幕上看见她，是1983年在酒仙桥电子俱乐部，看她主演的由北京青年电影制片厂摄制的《我们的田野》，导演是谢飞，男主角是中国改革开放后最早一代"师奶杀手"周里京。那时，林芳兵在片中扮演一个具有田野文艺女青年气息的角色，清新质朴，端庄忧郁，同时，那种天然浪漫的情怀紧扣我们萌动的心。那一年我24岁，顿时被林芳兵的气质拿住。破晓中，林芳兵等五个上山下乡的东北建设兵团男女青年，在白桦林中穿梭奔跑，突然镜头给了林芳兵一

个特写，梳着辫子的她，在暗夜林中彷徨好奇。那种少女般的对大自然的惶惑审视，一下击中了我，令我顿感无助而又崩溃痴迷。林中的女神呀，天外的佳人。

从此，我在电影院就跟定了她——《一个女演员的梦》、《夜行货车》、《一个死者对生者的访问》，并补看了她的电影处女作、与陈宝国合演的《幽谷恋歌》。当年，为了一位风雅的女明星，我一路走来，气喘吁吁，直到步履有几分蹒跚……

1986年深秋，北京建国门外交公寓，星星画派先锋艺术家王克平召集聚会，

那一晚高手云集——《今天》掌门人、朦胧诗舵主北岛驾到；中国现代派诗歌极具杀伤力的诗人杨炼亦举杯痛饮；而当时领袖中国前卫画坛的诸多大人物，除托身海外的基本聚齐。蓦然间，万绿丛中一点红，一位高挑风雅的女人正缠着北岛请教诗歌，我一瞅正是林芳兵，顿时惊呆了。

当年北影红粉双煞、中国影坛风云双姝——林芳兵、张晓敏，一个知性、一个野性，多少七尺男儿耗尽肝肠，跪求无望，而我却得见其中之一。小虚荣，大满足。

北岛见我来，赶紧把我叫过来，跟林芳兵说，大仙也写诗，你跟他多聊聊。我问林芳兵从哪儿聊，是从舒婷的《致橡树》还是顾城的《一代人》？林芳兵把她发表在《大众电影》上的毕业典礼诗背诵给我听。我说：“还不错，就是意象上差了那么一点儿。”林芳兵问：“什么叫意象？”我答：“就是意境中的表象。”林芳兵说：“这可太深奥了。”我说：“还有，诗中要有通感，比如——我们握着手，仿佛枯枝握着枯枝。手指和枯枝，互为通感，意象转换，一切尽在语境之中。”林芳兵愕然：“诗太高深了……”我赶紧转移话题：“诗聊起来没完，还是喝酒。”于是，我跟我偶像碰杯，她是干红，我是杜松子。而今回想，那年她才21岁，文青气四溢。

现如今，林芳兵已入中年，专写旧体诗，一首《满庭芳》正是她幽林芳华若冰寒的写照——“撩发极眸，渺空淡远，轻描浅写之人。闲庭信步，笑傲踏红尘。观尽恶风浊浪，起伏里，日月沉沦。上中下，争名斗利，劳苦悴心身。”

龚雪：还记得年少时的梦吗

程青松

1982年，我14岁，是个已经偷看过父亲书柜里的天书《红楼梦》、喜欢写作并渴望将来成为作家的自闭少年，跟周遭的关系很紧张。因为班主任老师的一次错误处罚，我制造了一起“自杀”事件并离家出走。从那以后，我就害怕进教室，害怕上课，学校后面的桃树林里，我经常一待就是一整天，不知道这忧伤漫长的青春期该如何度过。

电影院是我的另一个去处。在黑暗中，一道光投向银幕，我看见龚雪。银幕上的她，宛如女神，美丽多情，目光温柔而坚定，她似乎了解我全部的困苦，了解我全部的忧伤，能给我全部的安慰。

相遇之后，就期待每天都可以相见。电影院一有新电影上映，我就第一时间去看她主演的那一部，会反复看好多遍，直到电影下线。我还从各种电影杂志上将她的照片剪下来贴在笔记本上。地摊上的照片，书店里卖的挂历，电影连环画甚至糖果盒，只要是关于她的一切，我都会去收集。我还从《上影画报》中找到了上海电影制片厂的通讯地址，给她写信，向她诉说我的少年心事。很多年之后我才知道，各地影迷写给龚雪的信，几乎每天都是一麻袋一麻袋地装着送到上影厂的传达室，她根本看不过来。

1983 年到 1985 年是我的高中时代，也是龚雪的事业巅峰时期，她成为这 3 年来登上中国电影杂志封面频率最高的女明星。她主演的《石榴花》、《快乐的单身汉》、《大桥下面》都在当时产生了很大的反响，她也在 1984 年获得了“金鸡奖”和“百花奖”两个影后奖。在这 3 年里，我的作文《好日子还在后头呢》在《中学生》杂志获奖，我的影评也第一次登上了《大众电影》，这在一个小县城成为很轰动的事情。学校老师安排我去低年级做讲座，试图把我树立成新的典

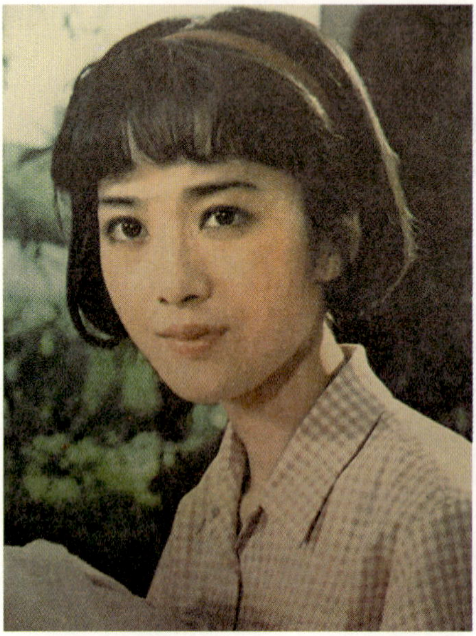

型，可是，我还是不愿意按照他们所设计的人生轨迹去走我的路。我相信，我终究会离开这个小城，我会等到龚雪的回信，或者说我能在某天某地见到她。

1986年，我参加了工作，到电影院当了一名放映员。我不知道我和电影的缘分是不是与龚雪有关。而这一年，龚雪赴美留学，与丈夫团聚。她从大银幕上消失，也淡出了公众的视野。对我而言，这意味着青春期的结束。人在年少的时候有很多的郁闷与无奈，必须寻找一个“偶像”来见证自己存在的价值，直到让这个价值成为自己的信仰。有时候，一首歌，一本书，一部电影，都有可能让感觉空虚的生命充盈。

1995年，我考上了北京电影学院电影文学系。

2003年，我第一次见到龚雪，这距离我第一次给她写信已过去整整20年。龚雪从美国飞到北京参加CCTV6《流金岁月》节目的录制，电影频道的领导请龚雪和著名演员向梅、张良到全聚德吃烤鸭，我有幸也出席了这顿晚宴，还特意带上了我的书《我的摄影机不撒谎——先锋电影人档案》送给她。

2006年10月，我接到龚雪从上海打来的电话。又3年过去，龚雪举家从美国迁回上海。她告诉我，听朋友说，在我写的一系列回顾百花奖的文章中看到关于她的那一篇了，她非常感谢。我告诉龚雪，10月底百花奖将在杭州举办，我邀请她出席。她说，她的先生就是杭州人。这也是龚雪20年后第一次出席中国电影界的活动。

还记得年少时的梦吗？龚雪，我少年时光的永恒见证。

安吉丽娜·朱莉：性感有了标准答案

巫解

多年前，我交过一个挚爱布拉德·皮特的女朋友。只要是皮特老师的电影，她必去捧场。我作为陪看，也耳濡目染了诸如《搏击俱乐部》、《七宗罪》等一系列酷片。有一天，她拉我去看一部皮特的新片，片名叫《史密斯夫妇》。我一听这破名，以为是《中国式离婚》之类的家庭伦理片，顿时情绪十分低落。但当我怀抱一颗打瞌睡的心坐到银幕前时，却惊呆了，直到影片结束，一直处于亢奋之中。

那是我第一次看到安吉丽娜·朱莉，在我浅薄的见识中，从没有见过一个女人可以把“性感”这个词语诠释得如此淋漓尽致。她甚至超越了这个词语，或者说，让我忘了去找一个词语来修饰她，因为她本身就是性感一词。

女友不这么认为。她觉着朱莉并不漂亮，至少不如皮特的老婆——那个在《老友记》里饰演瑞秋的珍妮佛·安妮斯顿。我当时哈哈大笑了两声，然后懂得了一个非常浅显的道理：让一个女人评价另一个女人，就像用叉子喝汤一样，南辕北辙、缘木求鱼，总之是十二分的不靠谱。

我说，朱莉有一双电眼，不是勾魂摄魄的妲己型，而是坦然逼视的那种，万种风情自然袒露，但绝不是为了取悦你。女友说，切。

我说，朱莉的嘴唇艳惊四座，肉感、饱满，轻轻掀动，便能颠倒众生，但它是慵懒的。女友说，切。

我突然记起，大二时，寝室里有个兄弟迷恋梦露，另一个哥们则为赫本癫狂。他俩经常为谁更性感争得面红耳赤。为了平息这场争论，我们造出了“热性感”和“冷性感”这两种蹩脚的说法，分别送给了梦露和赫本的粉丝。终于，两人和解，算是打了个平手。

可是实话实说，我从来没觉得梦露和赫本有什么性感的。为了让腰肢更细竟然抽掉几根肋骨，这性感太惨烈了吧？还有那张被风吹起裙子的照片，与性感有关系吗？我只看到傻和萌。至于赫本，美则美矣，但与性感真沾不上边。

看完《史密斯夫妇》后，“性感”这个词终于名花有主了，它与安吉丽娜·朱莉可谓门当户对，甚至可以直接画上等号，以后谁也别再惦记。

我在网上搜寻了她拍的所有影片——《黑客》、《古墓丽影》、《恶女帮》、《机动杀人》，最触动我的却是她成名前拍的一部我没记住名字的电影。在那部电影中，她饰演一名个性十足的女学生，印象最深刻的一场戏是，她爬到一座桥的高高的铁索上，仅仅是为了帮朋友取下画板。她在高处朝朋友扬手时的表情，让人过目难忘。当时，她看起来只有十八九岁，短发，爽利。但自那时起，她的眼神里就已经具备了后来的那种风情与从容，不得不让人感叹，有些东西的确是天生的。

后来，朱莉和皮特成了真正的史密斯夫妇。我跟那个“切”我的女友，却已成陌路。看到这个新闻时，我真想给她打个电话，告诉她，朱莉真的比那位“瑞秋”漂亮，或者说，迷人。但我想，对于这个话题，她肯定不会再感兴趣了，因为自从皮特离婚，她就对他嫉恶如仇了，仿佛被抛弃的那个女人是她的闺蜜。

可是，这怎么能怪皮特老师呢？没办法，安吉丽娜·朱莉就是那种让男人愿意为之抛妻弃子的女人。

罗密·施奈德：永远的茜茜公主

斯库里

少年时的梦中情人是谁呢？不知触动了什么，脑海中迅速闪过一抹清澈动人的微笑，起初它只是一个纤尘不染的幻象，随后逐渐清晰丰满了起来——罗密·施奈德。

小时候在电视上看的电影其实不少，每到寒暑假，起床之后做的第一件事就是翻开电视机边上的那一摞《中国电视报》和《北京电视报》，根据前一天在节目单上画的红圈来决定什么时候去找朋友玩，什么时候窝在家里看电视。

能让我放弃和伙伴去捞鱼、捉虫、放炮、祸害邻居菜窖的电影其实不少：《虎口脱险》、《意大利人在俄罗斯的奇遇》、《佐罗》、《黑郁金香》、《英俊少年》、《下次开船港游记》、《小兵张嘎》、《地道战》、《霹雳贝贝》等。现在想起来，这些电影都可以说是适合孩子看的影片，唯一的例外只有《茜茜公主》这部风格迥异的作品。

《茜茜公主》、《年轻的皇后》、《皇后的命运》，这以爱情为主线的三部曲，到底是其中的什么元素吸引了一个十来岁的秃小子？是华美的服装？是“有沟就能火”这种三俗的理由？不是，那会儿的我还没到产生这种需求的年纪。

是新奇有趣的19世纪欧洲风貌？有可能。当时的众多电影，更多展现的是

平凡的形象，比如刚毅的军人或者有点小缺点的淳朴平民，哪怕英雄，也是平民英雄那一类。只有在《茜茜公主》中，才能感受到何谓“贵族”，感受到哈布斯堡家族的奢华与矜持，那种“冷艳高贵”的全新形象令人目眩。

确实，八国联军里有50名奥地利人，不过那是弗兰茨·约瑟夫一世的罪过，和伊丽莎白·亚美莉·欧根妮无关，她在1898年就香消玉殒了。当我年岁渐长，开始了解这段历史时，不禁感慨：冥冥之中也许真的存在一个超自然的个体，将轮回的因果玩弄于手掌之上。

奥地利的这位皇后和罗密·施奈德的人生历程何其相似！

都是以美艳成名，与英俊的男士相爱（施奈德的第一任男友是阿兰·德龙），都是在长子去世后陷入深深的悲痛。

而罗密·施奈德的人生更为凄凉，去世时年仅44岁，正是一个演员的黄金岁月。这让人不禁扼腕。也许是她的命运吧，在绽放耀眼的光辉之后，燃尽自己的人生。

写这篇短文的时候，我在网上找到了上海译制片厂配音版的《茜茜公主》，写几句就去看两眼，努力回忆当时的感觉，这让我越来越确定，片中最吸引我的就仅仅是那个16岁女子洗去尘世间所有污垢的微笑：那双深邃的眼睛，那微微上翘的眼角，还有那秀美的嘴唇。

特别要提到的是，有机会接触德文原声后才愈发觉得，只有上译的版本才是最完美的，只有和丁建华老师的声音结合起来的茜茜，才是我梦中的公主。

时过境迁，再回头，我好像突然明白了当时的自己，那个坐在电视机前，深深沉浸在画面中的秃小子，八成已经把波克尔少校当成了知己，只想让自己的目光永远追随那个俏丽的身影，仅此而已。

梦中情人，这个词真是奇妙，并不是说和爱恋的女人在梦中做了什么，而是无论梦里发生过什么，醒来之后都会觉得那个人就是她。

科特尼：过着混乱但不迷失的生活

春树

说实话，我没有一位确切的梦中情人。按前法国第一夫人布鲁尼的话说：“我从不同的男人身上吸收精华，没有人是完美的。”就如同我比较分裂的生活和爱好，我喜欢的人也各自不搭界。比如萨特、科特尼·洛芙、巴西名模吉赛尔，还有许多我无法说出名字的人。他们应该也有共同之处吧，那就是：都具有不甘平庸的精神，都在他们的事业范围内做到了极致，都让我感到一种精神和生理上的吸引。

15岁时开始读萨特，刚开始看不懂，只是他笔下那些个受苦的“存在主义者”与我当时的心态太像了。在我最近的一部长篇小说里，我引用了萨特的话：“我躺在地上，微风吹在我的脸上，远处有人正在吹口哨。此时天正下着雨，那是柔和而平静的雨。”

我还写道，当时下着雨，我撑伞下楼，去河边坐了一会儿，手里捧着一本萨特的《恶心》。结局当然也很萨特——我看了5分钟，太冷了，就撑着伞回家了。

实际上，比起男人，我受那些强大、独特、传奇的女人的影响更多一点。比起女人，我更爱音乐和电影，可这都不是具体的人，每个我喜欢的电影主角，我都会爱上5分钟，仅仅5分钟。写这个专栏的时候我很痛苦，快要崩溃了，我必须诚实地说，我也想有个梦中情人，可是……是谁呢？“我的梦想就是希望有一个梦想。”你看，电影台词早就写过了。

还是写写科特尼·洛芙吧，这个我喜欢了整个青春期的女人。Hole乐队的主唱，Nirvana主唱柯特的老婆。柯特于1994年自杀，留下她和他们的女儿。她备受攻击，麻烦不断。西方和东方一样，都有着不同形式的男尊女卑，听摇滚乐的乐迷也未能免俗。正如大野洋子在列侬死后成了乐迷撒气的靶子，科特尼这些年的日子也不好过。我的墙上曾贴着她的海报，她裸露着美好的胸脯搔首弄姿，有着完美的金发碧眼。我也喜欢波伏娃，可波伏娃哪有科特尼这么性感？论音乐和影响力，佩蒂·史密斯更胜她一酬，她把诗歌和音乐结合起来的创意启发我良多，她的《Because the night》和自传《Just like a kid》我太喜欢了，可她过于严肃，哪像科特尼这般销魂放荡？

归根结底，我喜欢漂亮、天真、放荡、愤世嫉俗的女人。

那时我也是Nirvana的歌迷，但我从没把科特尼当成他们的粉丝。科特尼的乐队Hole不比Nirvana差，完全是两种风格。我喜欢科特尼，是因为她敢想敢为，过着混乱的生活但不迷失其中，因为她有音乐才华，能做出一流的专辑，还因为她确实漂亮，不需要哗众取宠就能吸引目光。她的故事在那本著名的《灿烂涅槃》中写了许多，我不需要赘述了。

我知道她的时候，柯特已经自杀了，这些年她当着寡妇，名声一直不佳。这也没什么大不了的，玩摇滚的人嘛，总有许多故事。就像曾与“地下丝绒”合作过的Nico，名声也一直好不到哪儿去。几年前，科特尼曾经和电影演员爱德华·诺顿谈过恋爱，这让我备感振奋。后者也是我喜欢的。而更名为Saint Lauren

Paris的法国品牌圣罗兰的设计师，那个同样喜欢摇滚乐的“坏小孩”艾迪，以科特尼为缪斯，设计出一系列带有地下摇滚风的服饰。

科特尼在摇滚乐精神底下，还有美国甜心的甜蜜，我想过，如果能和她一起躺在床上，我肯定满脸笑容。这肯定不是友情，也不仅仅是崇拜，我“爱慕”她。她指引着我整个青春期，那时候，每当有人骂我，我就想想她。

《北京娃娃》在美国版出版前，出版商曾打算约她给我写前言，只是这个方案因为某些原因未能实施。但我们肯定会相遇，只是时间早晚的问题。

乌玛·瑟曼：一枚神秘的妖孽

高群书

1

她是个喜欢说谎的舞女，周旋在各种有钱男人之间，挣钱，养活写性爱先锋小说的丈夫亨利·米勒。她第一次出现，是米勒在巴黎贫民区简陋居室里墙上的一张照片，然后，在灰暗的成人电影院的胶片中，她躺在一个人身下，徐徐吐出缕缕青烟。再然后，她是米勒叙述闪回中的背影，当她在舞厅旋转成正面时，镜头摇下去，等镜头再摇上来，惊鸿一瞥。再次出现，仍然是亨利·米勒的叙述闪回，仍然是背影，面前是一个男人和挑逗的拐杖。终于，我们看到了她的正面全身。

20年前，当乌玛·瑟曼从黑暗中飘摇而出，百叶窗的影子在她脸上跳跃，她穿过暗影和阳光，步步紧逼，然后，她走到镜头前，触手可及，和阿娜伊斯·宁一样，我惊呆了，如此魅惑迷人的女人，较此前美国美人的端庄或放荡，端得罕见。

那时还是录像带时期。恍如梦中，这个高大妖娆的女子一出现，便挥之不去。

2

电影《亨利与琼》，港译《情迷六月花》，台译《第三春》，编剧菲利普·考夫曼，导演菲利普·考夫曼。影片根据阿娜伊斯·宁的日记体小说改编，故事也是关于30年代阿娜伊斯·宁和亨利·米勒以及米勒的妻子琼之间的情爱关系。乌玛·瑟曼饰演琼。

如一枚神秘的妖孽，像一条花色斑驳的蛇。

1995年的北京，《亨利与琼》是可以当作情色片来看的，该片也开辟了美国电影分级的新段位：因过多的性爱暴露镜头与毫不掩饰的女同性恋场面，它本应被定义为“X”级。但考虑到影片的艺术价值与纯粹感官刺激色情片的区别，最后，美国电影协会破例修改了分级制度的条框，该片也就成为首部“NG-17”（17岁以上人士才可观看）电影。

乌玛·瑟曼的父亲是哥伦比亚大学宗教学院专门研究印度藏传佛教的资深教授，也是美国第一位皈依佛教的西方人，母亲是典型的斯堪的纳维亚资深美女，她外祖母的雕像至今伫立在瑞典的特拉伯格港。如此的混血血统，如此的混合文化，造就了她罂粟般的奇异鸡尾酒品质。用作家孔二狗的话说，就是高端。

3

像我这样低俗的老男人，自小的偶像都是刘晓庆、张瑜、李秀明、龚雪、栗原小卷等80年代的中日明星；赫本出现时，我们只觉得美丽，通透的美丽，让人不敢生出邪念。那时候，尚不知道人间有苍井空这样的物种，港台明星也只限于武侠片中的点缀，从来未敢意淫过林青霞张曼玉钟楚红邱淑贞。乌玛的出现，

整个儿颠覆了我对女人这个类别的概念，刹那间似乎晴天霹雳般照耀了我混混沌沌的人生，也击碎了所有明星在我丑陋的内心深处的隐藏残留。

《亨利与琼》以一盘录像带的形式被我私藏，其实这个录像带是从别人那里借来的，我厚着脸皮没有归还。后来，VCD 出现，我收藏了一张，再后来，DVD 出现，我又收藏了一张。

当然，除了乌玛·瑟曼，《亨利与琼》飘摇的情绪化叙事——所谓的诗意，也是我喜欢的原因。毕竟，谁没有年少清纯过，煤老板的少年，也是曾经渡过春天这条河的。

4

再见乌玛·瑟曼，是在昆汀的《低俗小说》中。

昆汀是枚奇才，我相信，他和乌玛是上了床的，对此我一点都不羡慕嫉妒恨，毕竟乌玛是美国人。就算我后来生活在了北京，也依然觉得生活在乡下，我和她之间的距离，也依然是北京和美国的距离。某种意义上，我觉得乌玛应该嫁给昆汀，这样一个女人，不和一个对脚趾有着疯狂癖好的奇才嫁接在一起，那才是天大的错误。

严格说来，我不是冲着乌玛去看《低俗小说》的，但当她光着脚以摇摆舞的形式出现时，我还是吃了一惊。那种灿烂的美艳，顿时让北京的阴霾焕然一亮。后来，在网上看到昆汀舔一个印度女孩脚趾的照片，我深深理解了昆汀对乌玛的爱意深长，不绝如缕。

好吧，我们来说说那段摇摆舞。不管是谁的创意，也不管是谁主动，乌玛和约翰·屈伏塔那段酒吧对舞堪称影史上最经典的镜头之一。猫一样的眼神，蛇一样的身形，除了迷人，还是他妈的迷人。人类的语言，无法道尽此中三昧，除了粗话，再无法赞美。

5

后来大家都知道了，《杀死比尔》就是为乌玛·瑟曼量身订做的。

影片开始，我们先听到了急促绝望的喘息声，未见人形，先嗅到了血腥的味道。果然，画面开启，乌玛那张痛苦、惨烈、愤懑、委屈的脸喷薄而出，一双男人的脚煞有介事地慢慢走近这张脸，咯噔咯噔，步步紧逼，苍老的男声响起：如果我想的话，我敢说现在我可以在你的头上煎个蛋……乌玛挣扎着说：比尔，我怀了你的骨血……一声枪响，画面隐黑，字幕出——昆汀·塔伦提诺的第四部电影。

此后，她好像变身冷艳的动作明星，出手如风，挥刀噬血，杀人如麻，披光斩影，打人和被打、杀人和被杀，凶险、冷冽、凄寒，不再飘摇。她和昆汀的双手连弹，就像床事的高潮一样完美，一样酣畅淋漓。

影片有一个镜头，乌玛站在门口，镜头慢慢推向她，她身沐阳光，宛如女神。好吧，如果没有这个镜头，就算是我的想象。

值得一提的是，在《杀死比尔》中，痊愈后的乌玛·瑟曼在小货车的驾驶室里用意念指挥脚趾活动的镜头，毫无遮掩地泄露了昆汀的恋足癖嗜好。

这个无耻混蛋。

6

再后来，我养了一条小狗，起名乌玛。

永远的男神

周润发
梁朝伟
梁家辉
吴彦祖
高仓健
阿兰·德龙
莱昂纳多·迪卡普里奥
约翰尼·德普
科恩
温格
坂田银时

周润发：香港精神的最佳映照

马家辉

第一次在现场见到周润发，是16岁那年，我的16岁，周润发的24岁。他已经演过电视剧《狂潮》、《家变》、《奋斗》、《大亨》、《网中人》，是一线小生了，《上海滩》犹未诞生，更美好的黄金岁月还在后头。他明明白白、清清楚楚地坐在铜锣湾一间餐厅，跟两三位朋友喝下午茶，仿佛预知未来将有更大的挑战、更强的考验。

那天下午，周润发穿着白色长袖运动衣和白色长运动裤，戴着Ray-Ban墨镜，极高挑的身形，抱胸而坐，下颌微扬，向世界爆发年轻人都有的青春自傲，更何况是明星。任何人看见他，即使不知道他确切是谁，亦可猜到他不可能不是明星。This guy was born to be a star，这是我当时的感受。

37岁那年再次见到周润发，他45岁，男人的成熟高峰期，获香港城市大学颁发的荣誉博士学位，出席典礼。因我在该校教学，也获校方邀请，算是权利也是义务。典礼亦是大学生的毕业礼，耗时长达3个钟头，每年举行一次，但每年我都回避不去，这回参与，竟然不是为了学生而是为了偶像，说来不无惭愧。

毕业礼在礼堂举行，台下满满坐着贵宾和学生，台上则是大学的管理层和包括我在内的二三十位老师。我们都穿上优雅古典的博士长袍，头戴宽帽，正襟危

坐。必须承认过程是沉闷的，校监轮流逐一唤名，学生轮流逐一登台、鞠躬、领证，左上右下，重复再重复，缓慢的节奏像催眠的音乐。我偷瞄了其他前辈教授，许多都闭目养神或低头睡去，有点失礼，但没法子，教授也是人，而且是已经有了一些年纪的人，难敌睡魔。

熬到了最后阶段，轮到颁奖荣誉博士了，当校监用英文喊出 Mr. Chow Yun Fat 的名字时，全场爆出响亮掌声，教授们亦立即把头抬起，睁开眼睛看着周先生一步步从台下走到台上，脸带微笑，谦卑地、温和地、慈眉善目地上台领取他应该得到的那份光荣与肯定。

在看着周先生缓步前进之际，我脑海中玩起高速回转的影像游戏，暗暗思忆他在大银幕和小屏幕上曾经出现的经典造型——或江湖英雄，或街角流氓，或富商巨贾，或白衣侠士，一幅幅虚幻影像在我眼前重叠，他的历史，我这个年龄的观众的历史，从70年代到今天的香港变迁史，都被浓缩在眼前这短短几十秒。我的周润发，我们的周润发，香港的周润发。

如果要在演艺人士中找寻一位“香港之子”，首选必是他。乡村、城市、鬼气、市井、辉煌、朴实，种种矛盾的气质情怀和生活方式在他身上瓜葛纠缠。内地微博上前些时热传一张周润发搭巴士的偷拍照，他坐在车尾，戴着鸭舌帽，灰白的胡须包围着嘴唇，眼睛望向前方而非窗外，默然、沉静，脸部肌肉没有显露半丝悲喜表情，双手垂下，犹如老僧入定。

内地网友纷纷留言，“真的吗？真的是发哥？他这么有钱，又是国际明星，为什么要搭巴士？为什么单独出行？”问号排山倒海、密密麻麻，如碑林刻字。

那确是很特别的照片，在红尘闹市的寻常生活里遇见闪亮明星，任谁都会惊喜，而忍不住“咔嚓”一声把影像拍下，亦属合理。但如果对香港娱乐新闻稍稍注意，惊喜或有之，倒不至于过度意外。因为，这么多年，“南丫岛的周润发”本就以亲切性格见知于香港——搭地铁四处走、蹲在大排档打边炉、穿着拖鞋到九龙塘买饭菜、排队等候看中医……所有你我会做的事情他亦乐于亲身去做。或许内地网友平日看到的都是内地明星的豪华架子和排场，不敢相信周润发的屁股会坐在巴士的沙发上。这等于一辈子没遇见好人的人，不管碰见谁，都先假设对方是大坏蛋。

听说周润发今年有两项嗜好：摄影和抄《心经》。前者是视觉艺术的追寻，后者乃心境艺术的修炼，两者不无融通。观乎周先生的巴士照，挺直腰板，双目半闭，也真有几分打坐寻禅的幽远意境，莫非那一刻他正在心里默念《心经》？巴士之于他便不止是交通工具而更是灵修道场，坐在红尘之中而不为红尘所动所惊所惑所魅，搭巴士这样简单的行为也就变成了修行实践。

至于巴士上的其他搭客，处境或可相同。遇见了大明星，既然他不扰攘不惊世，大家也无须骚动不必过敏。他在修行，你也可以修行，以平常心看待平常人，“相敬如宾”就够了。

香港是容得下平常心的城市，繁华仍未过尽，欲已享受平常，如周润发，正是香港精神的最佳映照。

梁朝伟：诱惑性危险

柏小莲

最喜欢梁朝伟在电影中两次照镜子的情节。

一次是著名的《阿飞正传》结尾，我多次翻出这个电影，拖过前 90 分钟，直到出现那个矮得直不起腰的阁楼，伴着音乐，他修指甲、照镜子、梳头、穿衣、熄灯、转身，然后黑场。非常莫名其妙违反电影规则的设置，很多人在骂，更多人一直赞到今天，我却只喜欢梁朝伟脸上的表情，带点漠然，带点满不在乎，却像孕育一场风暴的平静海面，有着诱惑性的危险。

另一次是《悲情城市》。也是在接近结尾的时候，江山风雨摇摇欲坠，他扮演的文清跟妻子孩子在无着无落的忧虑中拍全家福。他对着一面破镜子，破到镜中人脸已经完全不像他，除了那标志性的皱眉。隐忍与不忍，坚定与无助，种种情感表达水彩般勾勒在他宽容如画布的脸上。然后，他又用一个标志性的浅笑，将这一切轻而无声地全部盖住。

我还无数次设想他如何去演《一个陌生女人的来信》中的最后一段，“他两手哆嗦，把信放下。然后长时间地凝神沉思。他模模糊糊地回忆起一个邻家的小姑娘，一个少女，一个夜总会的女人，可是这些回忆，朦胧不清，混乱不堪，就像哗哗流淌的河水底下的一块石头，闪烁不定。阴影不时涌来，又倏忽散去，终于构不成一个图形。”这部小说的东方版，他本应是最好的男主角，除了他，谁能恰到好处地表达这种自得与自危？

听说他喜欢三岛由纪夫和托马斯·曼，于是，我也去读《魂断威尼斯》和《魔山》，在威尼斯电影节采访中途，跑去双年展的电影资料馆，枯坐一下午，就为找到1989年的场刊，拍下他和侯孝贤为《悲情城市》出席新闻发布会的所有日程。听说他后来又喜欢上了劳伦斯·布洛克的小说，我追着去看倒霉的雅贼伯尼、嗜酒侦探马修·斯卡德和失眠侦探伊凡·谭纳。啊，原来都是这么“梁朝伟”的人物，和他以前在电影里演的那些失眠、对着毛巾肥皂说话的警察形象怎么看怎么是一类人。

当年，电影《听风者》作宣传时，梁朝伟的采访时间卡得很严。宣传方给出两个方案，总共1小时的时间，4家媒体群访或者每家专访15分钟。好吧，来了清一色的女记者，各个精心打扮，异口同声“分开采”。我一厢情愿地认为大概没有女记者会放弃与梁朝伟面对面的机会，哪怕就是坐在那里跟他拉拉家常。

专访室里有一盏灯特别亮，将整个场地照得如同片场。梁朝伟坐在白得近乎刺眼的光亮中，眼睛睁得特别大，瞳仁漆亮。采访中，他只有眨眼没有眯眼，问他怎么做到的，他说“常年拍电影，习惯了”。我想起1992年魏绍恩专访梁朝伟，说他会对着化妆师怪叫：“多可怕！快30岁了！30岁30岁！我不要到了30岁还是个一事无成的演员！”20年过去了，没人会说他一事无成，他升级变成“男神”，变成了演戏教科书，而且他这么放松，还会笑眯眯地对我说“是啊，那个时候我20岁，你还没有出生”。

君生我未生，我生君已老。我写过一句话，并认为这是属于梁朝伟的真理：

“在电影里，除了张曼玉谁跟他都不搭，哪怕是周迅；在电影外，除了刘嘉玲谁都得不到他，哪怕是张曼玉。”

如今的梁朝伟已经有了长长的法令纹，弯如下弦月的嘴角越看越像某位国家领导人，他穿白衬衫黑皮衣坐在我面前的样子瞬间让我穿透记忆去了平行空间：在香港街头，他就是陈永仁；写小说时，他是周慕云；叼着烟弹吉他时，他是刘文。可在我心里，他永远是河内闷热天气里的那个黑帮诗人。

梁家辉：你的软弱诱惑我一辈子

文珍

有一个人，他的名字叫香港影帝——这人 26 岁上拿的影帝，时至今日，已经快 30 年了，结果这称号变成了他的一部分。很难说清这个人到底拍了多少部戏，只知道数量至少在 110 部以上，还不包括目前正在拍的。他的贴吧不是特别红，公然宣称是他影迷的在一众港星粉丝团中比例也不大，可是，在各大电影论坛说到演技，没人说他不是一个好演员。即便不那么喜欢他的人，也最多指责一句：他不够红是因为没有发哥华仔帅嘛！然而长相这件事，原本就是各花入各眼的，更何况，他还获了美国 CNN 评选的“香港影坛 19 位最俊美男星”第 3 名。

这人的全称，是香港影帝梁家辉。

然而我喜欢他，很小就喜欢他，不仅仅因为他是二十四孝三观正确的好男人，不仅仅因为他 1080 度无死角的演技，更不是因为他《情人》中名动天下的翘臀……仅仅因为初中看过的那部名不见经传的鬼片《新人皮灯笼》。电影背景是 20 世纪五六十年代的香港，美艳的邱淑贞在里面饰演一个初来城市随师姐学戏的乡下妹细蓉，同样年轻的梁家辉饰演师姐金主身边的小律师唐辉。同是天涯沦落人，痴男怨女一见钟情是理所当然之事……至今我犹记得梁家辉手把手教邱淑贞写“情”字时的旖旎，更记得身着西装革履官仔骨骨的他请梳着两条辫子的

她喝可乐……糖水铺的昏黄灯光里，贫家女子颜如玉，急景凋年里一点小儿女情态何其动人。而那一幕街景，则长久定格为我心目中最温暖的旧时香港。

再次动心，是高中放学在米粉店，突然看到电视中出现了梁家辉绝望而迫切的神情，他对着一个神情疯癫的女子说："你选择基督，还是我？"接着，女子跌跌撞撞沿街奔跑，他一路追赶："金花，金花……"金花死于铁路边。最后一个镜头，是梁家辉所饰冈川身着和服回到日本，家中昏暗，有女眷抱婴孩席地而坐。冈川的背影上了楼，哀伤的独白响起："人生是一场战争，被打败时自灭，如汝等父亲，避免不幸涉及别人，如汝等父亲。"他一步一步隐入没有光的所在，自杀了。

这哀伤的片段震惊了我。后来才知道这电影是《南京的基督》，冈川的原型就是芥川龙之介本人。至今我仍怀疑，在我心目中，梁家辉的形象和芥川是否重

叠了：同样是软弱而不彻底的艺术家，同样在生活中隐忍却在创作中爆发。他的软弱和《胭脂扣》里十二少的醉生梦死还不一样，哥哥是世家子耽于烟霞癖，他是旧式文人此恨绵绵无绝期。

然而，梁家辉的最大魅力亦来自他的软弱不彻底。他深知自己的局限，所以竭尽全力去体察他人的谬误。他晓得人生不如意十之八九，于是可以原谅世界的不完美——有几个影帝可以得了奖后被政治雪藏，甘心摆地摊？也许，正是这样的经历打底，他的表演里才有了最平常的烟火人生。他的“不求上进”、只求演戏造就了他的多产，躬身自省成就了他的豁达，家庭和教育背景铸造了他的平常心。与此同时，他毫不掩饰的温情软弱，却性感得一塌糊涂。——有时候我想，与其说他是梦中情人，毋宁说他是我梦中渴望成为的自己。很真。

吴彦祖：怪我们想得太多

小托

真不能怪我们，对于吴彦祖的精神意淫，20 世纪的电影人是始作俑者。1997 年，杨凡用《美少年之恋》里别有用心的镜头，讲述了一个猎奇做作的同性恋故事，电影很普通，但我们跟老色鬼导演心有戚戚，都感受到了吴彦祖羞涩的懵懂和无知的性挑逗。

奥斯卡·王尔德说过：“把事物区分成好和坏是荒谬的，只有迷人与乏味之分。”这句话可以作为粉丝的座右铭，任何一种狂热的迷恋都能给人生做乘法，而引领我们走入别样人生的往往是一些事先毫不知情的名字。如今转头看看 21 世纪的头 10 年，银幕上处处都有吴彦祖的名字，香港电影刚刚开始不堪入目和挣扎北上。比起前辈演员们对不合时宜的长吁短叹，新入行的吴彦祖显得相当“不自重”，他奇形怪状的表演频繁流窜在各式坑爹搞笑又不知所云的电影中，贩卖着美貌和身材，成为了香港影坛最有光泽的男花瓶。

《特警新人类》里他演一个没用又傻帽的反派，赤裸上身穿着皮马甲，说着大多数人听不懂的普通话，死时泣泪横流，一点儿都不酷。到了《新警察故事》，他依然是反派，却满面狰狞地出挑了，以爆裂偏激又心理扭曲的表演拿到了当年金像奖最佳男配角奖。之后，《新扎师妹》里的白马王子、《知法犯法》中毒辣

卑劣的背叛者、《妖夜回廊》里的性侵受害者、《门徒》中淡定复杂又沉重的毒品卧底……他端整到多一步就万劫不复的样貌，在各种极端、出位又出轨的角色里，一边不以为然一边闪闪发光，而围观在旁的女青年则一边激荡得口水横流，一边欣慰得心中窃喜。当时有个不足为人道的远大理想：等姐有钱了，一定投资电影请吴彦祖来演，光是他赤裸上身擦车的镜头就要拍100遍！

那10年，一直觉得我们与吴彦祖的位置是分垂直阶层的，他英俊得所向披靡却从不傲慢，有名模女友，不闹绯闻，照顾一群帅哥好友，讲着流利的英文和可爱的中文，穿发皱的衬衫，还懂得在南非来一场鸡犬相闻的大自然婚礼。他高高在上的工整完美比100万种人生都要令我们艳羡、垂涎和遥不可及。

2011年，《窃听风云2》的采访中，我见到了吴彦祖。他依然帅得死去活来，走起路来虎虎生风，像华尔街精英一样坐在对面，平静亲和，分毫不差，答题系统是全英文的，讲出的中文像事先背好了答案，无论怎样逼问都没有多一分心声可吐露。那时候忽然明白，对于吴彦祖，是我们想太多了——他没那么传奇激荡，自我定位也从不是健康英俊、性格完美的男性幻想体，他的人生就是把各式中文剧本标注上拼音背好完成，赚钱回家，做饭陪老婆，和好友搞搞恶作剧，翘首企盼闺女的诞生，像每一个普通男人那样享受成就感，继而与世界和睦相处。

不怪吴彦祖，都怪我们想得太多，可是，人生都是越走越慢的，每老去一点都要回看慢镜头的此去经年，于是有那么一些时候，忽然能够明白《美少年之恋》结尾的意味所在——在我的那10年里，每一段蓦然回首的美好岁月，眉间都酷似1997年的吴彦祖。

高仓健：清寒时代的孤独

陈淡秋

我有一些固执的喜好，比如喜欢北海道、喜欢风衣、喜欢骑马，喜欢20世纪七八十年代的日本小说，还曾费尽周折买过一件尺码过大而根本无法穿着的M65（美军的短风衣）。如果要为这一切喜好找个源头，这个源头，应该是高仓健。

高仓健本来不属于我的时代，他是比我大10岁那拨人的偶像。80年代初，《追捕》、《幸福的黄手帕》、《远山的呼唤》在内地上映时，我尚年幼，中国的时髦男青年，为了模仿《追捕》中的矢村警长和杜丘，戴起大墨镜、穿上风衣、留着精心修剪的鬓角时，我还懵懂。倾慕是成年以后才开始的，翻看当年的电影资料，赫然觉察出自己的混沌：竟然任由这样一个形象被淡忘和遗漏。

对我而言，他不是演员，也不是某个具体角色，而是一种形象，这个形象包括了勇气、忠诚、坚毅面孔、沉默寡言的性格，以及荒原上骑马奔逐的身影。

高仓健生于1931年，在煤矿小镇长大。1943年进了高中，参加田径队，那正是战事最激烈的时候，他时常看到美军飞机从低空飞过，距离之近，“连飞行员的脸都看得一清二楚”。6年后，他到东京念大学，加入相扑部，那是一个“绝对的封建等级世界，用斯巴达式教学法灌输礼仪，培植奋斗根性”。

毕业后，就业异常困难，何况他的择业标准是“不能成为大企业带式传送机

的一部分”。他回到家乡，又再度逃离，最后于万般无奈之下，加入新艺制片厂。

在《隐秘的羞耻》里，高仓健这样写：“生平第一次上妆那天，眼泪夺眶而出。不知怎的，我像是成了小丑。”那时，在家乡人眼中，演员和乞丐是一个阶层，直到80年代，他母亲还劝他别当演员，回家干点正事。但他简化了自己的动机，把目标设定为赚钱，完成了心理建设，热情投身银幕。

高仓健的魅力，和60年代密不可分。战后日本崛起，但崛起的时代也往往是泥沙俱下的时代。60年代后半段，日本发生了被称作“过激季节”的左翼学生运动，整个社会风云激荡，“复仇”和“逃亡”，成为日本电影的重要主题。

直到现在，看到那时候的日本电影，或者西村寿行和大薮春彦的小说，还会讶异于那里面有那么多的复仇和逃亡。总有一个硬汉，或者因为深陷大企业的阴谋，或者因为妻女受到凌辱，从此走上天涯路。那种萧然远行的背影，是彼时的固定角色。高仓健扮演的侠客、叛逆者、法外之徒，正是在这种背景下，成为青年的偶像，也正是在这个时候，挣脱了“陈腐的戏剧观”，开始用一种无表情的表情面对观众。

高仓健的魅力在这个时候慢慢成型。早年的他，脸部线条过于柔软，30岁以后，那个我们熟悉的高仓健才渐渐长成，他从一堆冗余无用的影像中脱身，借助那些逃亡奔逐的故事，锤炼出坚毅的形象，直至成为东方男性气概的符号。

影人村松友视曾回忆那个时代：电影院的屋檐下常有人躲雨，因为伞不算便宜；躲雨的男人互相借火，因为打火机也不便宜。这种场景，既冷淡疏离，又质朴从容。“那句由一生与高级装饰品无缘的男人口中说出的‘能借个火吗？’的对白，大放罗曼蒂克的芳香。”而俯瞰着这一切的，是高仓健主演电影的海报。

出演了那么多孤独硬汉角色的高仓健，更是和角色的人格牢牢嵌在一起。导演山田洋次，用“孤高”形容高仓健：“他身边总是清清爽爽，不让捧场者接近。”丸山健二则赞美他的沉静，认为他是“根据需要做必要动作的男人”，消除了一切冗余繁复的东西，而且在银幕上下都是如此。

所以，《追捕》会有那样一个开头，熙熙攘攘的东京街头，人们忙碌奔走，显得那样苍茫，杜丘的歌声就在人群之上响起。他的出逃，把我们的视野从嘈杂的东京带到了北方的旷野；他对强大力量的冒犯，将自己置身于孤独的境地，也让我们领略到孤独之美。

孤独，不只意味着减少了人际浓度，还意味着减少了人和人之间的模仿、塑造，让人少了成为类型人的可能，所谓个性，才能得到呈现。这是高仓健让我至今倾慕的原因，他代表了一种今天已经稀有的风范——孤独的风范，象征了一种清寒时代才被珍视的价值——孤独的价值。他的传记，也叫《孤雁行》。而今，“长安城里的一切已经结束，一切都在无可挽回地走向庸俗”。

阿兰·德龙：手执长剑，佐罗一回

小茶官

小学生为什么要排着队进校？当年我没想过。那是个晴天，午饭后，太阳把我俩的影子贴在校门外的围墙上，短胖，像照着哈哈镜。就在盯着影子出神的当儿，我把秘密告诉了我的好朋友，二年级一班的中队长。

“我爱上了佐罗。”没错，我是这么说的，爱上。朋友成绩很好，思想也很端正，她担忧地看了我一眼，那眼神我还记得。

我大概是从邓丽君的歌里知道“爱情”这个词的。本来背着书包上学放学，嘴里含颗话梅唱唱“爱情”毫不费力，但是遇上佐罗，性质完全变了：先是傻了，然后惦记，小痛苦小折磨缤纷落下，丝丝缠绕，要是碰上别的什么不愉快，一场暴风雨是免不了的——几乎把眉毛哭到红。别小看女孩子家家，8岁上下，已经能够体会人类这种较为复杂的情感了。

佐罗是跟一架马车、一骑尘土、一段旋律一起来的。我还记得那歌词是西班牙文，调子没有起承，上来就转，戏谑，潇洒，浪迹天涯，吉普赛人，最后是“啦啦……佐罗斯班”。

我现在能在这儿分析自己为什么会“爱上”他，但当年他在12寸SONY电视机和我的小心灵之间爆出小火花的时候，我根本没想过要去拆解。用我们这片

儿的方言讲，爱，那是邪气神圣的。

首先，阿兰·德龙英俊。那时候，我觉得漂亮男人起码应该是个瘦子，其次要有刀削的颚骨和深邃的眼神，如果他的头发还能自来卷，那就 Perfect 了。阿兰·德龙的眼睛太特别了，欧洲款式，冷，但有情，那是一对谜，像两座新石器时代的山洞，我能在那里面看到彩虹。他太帅了，帅得我成年后一度以他为模板找啊找啊找朋友，苦头吃足——南橘北枳，你懂的，咱们这儿根本不出这品种，就是有几分貌似，从肚子里到骨子里，也全不是那么回事。

我爱佐罗的侠气，爱他用剑指着大胖子嘎西亚的屁股，用狂草划出一个 Z。佐罗在教堂尖顶跟总督决斗的那场戏，是善恶交战的经典，它让我至今相信，恶人只有一个下场，那就是在教堂尖顶被挑下去，摔成 206 瓣（思考题：人有几块骨骼？）。它也让我深信，恶人的女人们也终会弃暗投明，撩起裙子就上马车，上了马车就大喊“我爱你”，最终投向佐罗们的怀抱。

劫富济贫充几回刺客那是小侠，战胜邪恶、伸张正义才是大侠。在我们这个国家，恶不在下水道里，恶在权力的太师椅和任命书里，在会所包间、冰镇龙虾以及古巴雪茄的丝丝薄烟里，在那些无知无畏整天聒噪的行业黑话里，在认权力为干爹亲娘，生生把自个儿炼成一坨马屁精的小人的皱褶里……它们无处不在，见风就长，200 个佐罗都忙不过来。所以长大后，每年两会之前，我都盼望着能有个把稍具想象力的政协委员递交一份为克隆佐罗（蝙蝠侠也行）立法的提案，然而至今，如你所见，没有。21 世纪，注定是缺乏想象力的世纪。

阿兰·德龙别的电影译介进来的不多，印象中只有一部《黑郁金香》。我觉得德龙先生一辈子能蒙着黑色眼罩，身披大黑斗篷，手执长剑佐罗一回，完全够了。在我心里，他就是佐罗，佐罗就是他。后来西班牙那个安东尼奥·班德拉斯也演过一回佐罗，可他长得口味太重，现代性太强，把一个身轻如燕超凡绝尘的侠客演成一个总惦记捕猎芳心的情人，可惜了那双也会放电的拉丁美洲的眼睛。

莱昂纳多·迪卡普里奥：盗梦的赤子

文珍

他乘坐大船而来，在号称不沉的泰坦尼克号上大声喊出：I'm the king of world！即将西沉的阳光打在他的脸上，是一种无与伦比的璀璨赤金。那一刻，他是诞生于海浪中美如维纳斯的赤子，年轻、洁净、眉目如画。为这样的美屏息静气、目眩神迷的，当然不止女主角萝丝一个。

据说他早在我孩提时代最爱看的美剧《成长的烦恼》里就已初露圭角，我却直到15岁才第一次在大银幕上见到他。无法统计他在冰冷的大西洋中对女主角萝丝说过的那句“答应我你会活下去”曾让多少影迷痛哭失声，而他就在23岁的锦绣华年，顺着这泪水淌就的大河浩浩汤汤一路走下去，走过《海滩》，混迹于《纽约黑帮》，为了《血钻》出没于非洲丛林，和凯特·温斯莱特再度同行《革命之路》，又在《被解救的姜戈》和《华尔街之狼》里探究人性中最贪婪的阴暗面，最后，洗尽浮华，回归痴情的《盖茨比》。一路行来，当年美得让人心痛的少年成了胡子拉碴凸肚圆脸的大叔，但那句影迷的花痴之语说得好：只有这么一个人，无论他是王子、骗子、疯子、傻子还是胖子，我们都爱他。

这不可理喻之爱，也许只因为他的蓝眼睛里永远有一种欲言又止的炽烈与深情，那令人心碎的诚挚与不设防，再没有人比他更适合当情人，即便他流落尘世历经坎坷——那份骨子里的纯真也永不磨灭。他就是那类让你相信真有爱情这回事的男子：他是情种，更是爱情本身。

因为个人特质和角色的相得益彰，他的名字很早随着泰坦尼克号的周游列国被众所周知，顺带连妊娠之初的小故事也被人津津乐道：他幸运的德裔母亲在怀他3个月时去洛杉矶看达·芬奇的画展，腹中胎儿突然轻轻一踢，便有了他的名字——莱昂纳多·迪卡普里奥。早在20世纪末，他的众多拥趸已将这名字视为神迹，也许这个名字也应如洛丽塔般发音才能表达其刻骨迷恋：舌尖同样得由上腭向下移动3次，到第三次再轻轻从齿间迸发出那个字：莱昂纳—多。

但这一切，莱昂纳多本尊当然没有听见。艺海沉浮，他正忙着在尘世中塑造自己的分身。他最早狂放不羁如天才少年兰波，深情款款如罗密欧，成名于大船之后却不介意客串罪恶的庄园奴隶主和暴君路易十四，近年来更着意解读金钱、权力中的人性贪婪。他刻意发福、不修边幅，也许只是希望世人忘却他的完美皮相，直抵一个优秀演者的内心。而在他的身上，堪称汇聚了一场形形色色的美国梦大全：从梦想成为世界之王却葬身大西洋底的穷小子杰克，到浮华梦一场终于梦碎东海岸的盖茨比，再到纸醉金迷最终锒铛入狱的华尔街大亨贝尔·福特。莱昂纳多如此解释自己的选戏准则："我特别有兴趣演绎一类故事，因为它反映真实。我们的世界就是这样，事情通常都不像外表所显示的那么简单，人的内心如此阴暗复杂。"

他的分身包括各种对立的阶层，资本主义金钱关系的加害者与受害者，流浪儿与奴隶主。更吊诡的是，他和他最著名的银幕情人凯特·温斯莱特在《泰坦尼克号》首映15年后，再度携手中产阶级夫妻走至婚姻绝境。这让人不得不开始

怀疑，如果当年的杰克没有死，这段旷世之恋是否也将不可避免地葬身于现实主义的柴米油盐?

银幕上的杰克在最美的年华永生，银幕下的莱昂纳多衰老、发胖，不再笃信婚姻和从一而终。真相总是残酷的，然而这残酷苍凉中却也有无法言说的美。这个曾经美如处子的少年、后来的环保主义大叔也有自己的执念，就像他曾饰演过的天才少年兰波，永不知足地探究着层层叠叠的欲望和人心。而拥有如此这般野心的演员其实早已脱离奥斯卡日渐教条化的分蛋糕式的价值评判体系，正如当年多次获金马、金像奖提名却多无功而返的张国荣一样，他们的不朽无须奖杯证明，不世功勋全由影迷的爱、微笑和眼泪铸就。

“美国梦到底意味着什么？那些个年代和当下的美国，究竟有多相似？我喜欢这个故事（《革命之路》）到位地反映了50年代美国家庭生活的道德观，片中主人公所遭遇的困境，我们现在也常遇到。”动了此好奇之心的莱昂纳多此后不再造梦。他盗梦。

约翰尼·德普：带着自信任皮囊老去

刘珏欣

第一次被约翰尼·德普秒到，是在电视上播放的一部一点也不著名的电影《纵情四海》里。电影讲什么，女主角是谁，我完全不记得了，只记得德普演一个吉普赛男人，牵着白马，像背景板一样走过舞台，正帅得一塌糊涂时，白马突然在舞台上拉了屎。还有，他蹲在女主角面前，深情凝视，手轻轻放在她膝盖上，我第一次被银幕里的人电酥了，一点儿也不介意他在里面只是一枚算不上主角的大花瓶。

在我的审美标准里，男神当然首先要有雕塑般的完美面庞，然后，非常重要的是，他得不那么在意自己的美貌。我把吴彦祖放入男神列表，就是因为看到他在一篇专访里说，他在美国学建筑的时候，真的没有人说他帅，而且他觉得，男人帅不帅不是什么重要的事。跟那些眼神手足都捏着劲儿说“看我多帅”的脂粉男星比起来，无视自己美貌的男人有一种干净又爷们儿的美感。

关于这一点，德普用不着语言表述，看他选的角色就能感觉到。那位长相怪诞、内心温柔的剪刀手爱德华，我在看完很久后才知道居然是那么帅的德普演的，大吃一惊。后来我就不吃惊了，因为知道他以爱扮演古怪角色而闻名。是的，他是艺术家。

其实我还是吃惊过一次，那是看到他唯一导演过的那部电影《英雄少年历险记》（*The Brave*）的时候。那是个具有欺骗性的中文译名，其实没有英雄，也没有历险，只有显得压抑的真实，用直译的“勇气”大概更合适。这部得过戛纳金棕榈提名的电影，一点儿也不像德普平日的怪诞风、华美风、冷幽默风、哥特风，它是用特别现实主义的慢节奏质朴手法，拍的一个印第安家庭的故事——一名失业的印第安人，和老婆孩子住在破旧的拖车里，这块地方很快就要“拆迁”

了，他们将被赶走。印第安人接了一份卖命的工作，他会被人折磨至死，而他的妻儿会因此得到可以让生活继续下去的 5 万美元。没有反抗，没有救赎，印第安人安排好后事，走进了那扇将让他死去的门。

据说，德普的祖父是血统纯正的彻罗基族印第安人，他童年的大部分时间都与祖父一起度过，直到 7 岁时祖父去世。也许正因为如此，他不喜欢美国人大都喜欢的总演牛仔的约翰·韦恩。电影里，韦恩总会杀掉许多印第安人。

2013 年，我在大银幕上看到德普又一次扮演印第安人。《独行侠》被小说、漫画、电影、电视改编多次，本来是主角白人独行侠和配角印第安人小伙伴的故事，在德普演的这个版本里，成了主要从印第安人角度讲述的故事。看似娱乐热闹的外壳下，却有着少年派式的悲伤底色：一个印第安孩子救了两个白人，又带着他们找到银矿，两个白人为银矿屠杀了印第安村民，孩子渐渐成了老头，跟着嘉年华西部展混饭吃，讲点或真或假的白马侠客的印第安复仇故事。

电影里，德普画着花脸，露着有些胖的肚皮。身高1.96米的搭档艾米·汉莫，衬得1.8米的德普也矮矮的。同去的伙伴有点儿嗤笑：你这男神中的男神好像也不过如此嘛。我表示抗议：只有真男神，才敢不介意丑化自己，比起柏原崇那样宁愿脸部僵硬也要挽留皮相的难看姿态，我更爱男神带着自信任皮囊老去。

科恩：直面灵魂细微的颤动

李乃清

“他是谁？”

“一个和尚。”

女性朋友想从我这里认识莱昂纳德·科恩（Leonard Cohen）时，只会得到寥寥四字情报，附上“仅此而已”的口吻。

在这关键时刻，我先是暗自庆幸：太好了，她还不认识我那“亲爱的老科恩”（抱歉，他真的很老了，老得都可以当我爷爷了）；很快，我会条件反射地警觉起来：当心，这将是你的潜在“情敌”……

“一个和尚”——我故作镇静，尽量挂出满不在乎的神情——想着用这四个字掐灭她的好奇心。我狡猾而吝啬地只道出部分事实：其实，老科恩早已下山还俗，这会儿还在世界巡演；他有诸多头衔——诗人、歌手、画家、小说家，曾被誉为“摇滚乐界的拜伦”；这个法号“自闲”的“老和尚”曾有不少风流账，早年情史据说可写成厚厚的百科全书。要知道，他一生迷恋女人，但至今仍“单”着……

初识科恩时我已大学毕业，“青春”就像这充满光和热的夏天，渐行渐远。

中学时代，寒暑假都在影院和一家租碟店（早已倒闭）度过，懵懂的我，被

影像中蓬勃发育的世界弄得心驰目眩，晚熟又早熟地认识了那个名叫“爱情”的东西。彼时，我按着诺曼·梅勒对理想银幕汉子的标准搜寻“梦中情人”——“他会打架，会杀人（永远是因为正义），会爱而且博爱，他酷，他大胆，他勇敢，他狂野，他足智多谋，他是把好枪。”于是，我选中“眯缝着双眼，略抬起右眉毛瞧人”的电影明星格利高里·派克。

大学里，眼睛依旧乱看，耳朵也不闲着，在复旦边上的“2046”（店名）淘影碟也淘唱片，至今走在文艺黑道上，永无刑满释放之日。

第一次认识科恩，毫无心理准备。那是毕业刚工作不久，有回跟着某资深文化人去淘碟，他指着一套《莱昂纳德·科恩精选集》，向我隆重推荐这位“加拿大的国宝级人物”。唱片封套上映着科恩的大头照：一个有着两道好看法令纹的中年男子，不笑，如炬目光灼灼逼人，神似《教父》里的阿尔·帕西诺。

回家后把CD喂进唱机，封套上的酷大叔开始用一种近乎喃喃自语的声调低吟浅唱，他跟着名叫苏珊（Suzanne）的女人去了河畔：

她带引你的视线／穿越垃圾和鲜花／那儿有埋在海草中的英雄／那儿有晨光中的儿童／他们探出身躯期待爱情

科恩的嗓音低沉，仿佛来自地下铁的呓语。他的歌声染着酒气，浸着迷魂草的芬芳，催眠着（他确实学过催眠术）将我拽入湿漉漉的梦境……

这是我第一次被男人的声音征服，而且，还是这么个总是木着脸、毫无表情的男人。

如果你想要个爱人/我会对你百依百顺/如果你想要不一样的爱/我会为你戴上面具/如果你想要个伴侣/请牵我的手/如果你发火想把我揍趴下/我就在这儿/我是你的男人……

音乐响起，我仿佛看见科恩穿着那身笔挺的黑色阿玛尼西装，从舞池深处走来，伸手邀我共舞……第一次听这首《我是你的男人》，我甚至把播放模式切换成了“单曲循环”，听他柔情蜜意、毫无保留地向深爱的女人倾出所有情感与尊严。

我会跪在你的脚下/我会对你的美号叫/像一只发情的狗/我会抓挠你的心/撕咬你的床单/我会说求你求你/我是你的男人……

“我是你的男人”，科恩不停重复着这句，像是一种咒语，更要命的是，当他哀求似的唱出那个“please”（背景音好像还加入了一声猫叫春）时，格利高里·派克极具正义感的俊脸被我忘得一干二净，我彻彻底底、中邪似的倒入眼前这个“坏男人”的柔声怀抱……

我不停搜罗科恩的唱碟，封面已不是当年的大叔，而是一个神情肃穆的老头，每次看到他，我那会吉他又会小提琴、偶尔舞文弄墨的老爸多少有些醋意：“怎么又是这个老头子？”天！他的掌上明珠爱上了一个比他还老的老头！他的语气里，甚至有些担忧。

多年前，当我把科恩的几首歌挂在MSN Space上，某文艺青年曾前来搭

讪——“你们女孩子都喜欢老男人吗？”我没搭理他：一，他不了解科恩；二，他确实不够“老”。

多年后，那个文艺青年听多了科恩，也变得老辣起来，据说，他用从我这儿顺听来的《我是你的男人》“诱拐”到了一个不知科恩何许人的年轻妹子，又狠又准！

我老了，但我依然陷入，千吻之深……

我们依然做爱，在我的秘密人生……

老科恩今年80岁了，他还在写，他还在唱，声音更苍老、也更深情，比缓慢更缓慢。

新专辑都是些“老念头”（Old Ideas），他自己设计了封面：空荡的衣衫和裤管里，裹着一具老迈的躯体，他垂首沉思，凝望着地上的影子，任时间之魔趋向自己，却那么从容平静。

最近这两年，科恩早年小说《美丽失败者》与近年诗集《渴望之书》的中文版也在国内相继问世。20世纪60年代，他在希腊海德拉岛的刺眼阳光下，赤裸着上身，用打字机敲出整本《美丽失败者》。“一个由爵士乐连复段，波普艺术笑话，宗教媚俗和闷声祈祷组成的大杂烩。”他致信中国读者：“你现在拿在手里的，更像一份中暑记录，而不是一本书。”

《渴望之书》里的诗画，透出修行者的清澈智慧，引你攀登净光之处……

如今，我那“亲爱的老科恩”正在世界巡演，他高兴地表示要演到轮椅锈掉的那一天。

如果他来到面前，我会拍拍他的肩——“老家伙，你还结实着呢！”

温格：阿森纳的定海神针

吴苏媚

法国女人最是妖冶风流，世间尤物的名单能列出一大串，可法国男人好像就没那么傲视群雄。看法国电影，全是绝色天香，可男人晃来晃去就只有大鼻子情圣杰拉尔·德帕迪约。对了，德帕迪约也许不能再算法国男人的代表，因为普京给他颁发了俄罗斯护照。他又在比利时买了豪宅。

为了给法国帅哥树典型，我又找了人类学家列维·斯特劳斯和导演埃里克·侯麦。他们在各自的领域都取得了非凡成就，但容貌双双败给了画家马赛尔·杜尚。五官冷峻的杜尚唯一的弱点就是已经逝世50年了，没办法时时刷新他的状态。徘徊很久之后，我将目光投向了英超战场，那个眉头深锁的阿森纳教父——温格大人。

我一向自诩为有追求的文艺好青年，所以，担当得起我偶像的，无不经过严厉的精神考核——这也是为什么犀利会让人害怕的原因吧？

交往过的欧洲男朋友，某次吵架落败，感慨地说，你啊，你Sharp。搞得我很惆怅。Sharp，好听点是敏锐，难听点，就是尖锐。而掌握这个平衡，需要品性的自律、道德的约束以及修养的克制。算了，Sharp还处于只图过瘾的低层次的我，就专心致志喜欢Sharp界高段位的温格大人吧。

Castrol

温格大人，掌门阿森纳17年，风度翩翩，江湖资历非常老辣，人称教授。温格教授在面对重大事件时，几乎没出过错，也没讲过犯混的话，但是，他总能清晰地表达自己的爱憎。敢放嘴炮，还不被追打，这在很擅长抓人话柄的英超媒体，是相当了不起的成就。不恰当的话语，能够把管理层、球迷、媒体得罪个遍。英国足球流氓多么凶残啊，英国小报多么没节操没底线啊，即使聪明如穆里尼奥，当年都硬生生在这块草地上被摧残成了白头翁。

但温格不一样，温格的“姿色”一直是很稳定的。姿色的浮动指数，能够反映当事者内心的纠结强度。而且，据我分析，温格大人的容貌是罕有的逆生长，年轻时不算英俊，可人到中年，却超凡脱俗起来——这就是精神能量持续充沛的原因。64岁的人，腰板永远是直直的，站如松，坐如钟，像阿森纳的定海神针。

我对温格的感情，曾经在2006年有过一次动摇，因为他把亨利卖给了巴萨。很长一段时间，我都无法接受那个有着一双大长腿的亨利去了敌军战营的现实。后来重新爱上阿森纳，跟我一个朋友有关，他本是曼联球迷，不知怎么的，突然有天被温格的人格魅力感召，成了阿森纳的死忠粉丝。因为他的倒戈，我再次确认，教授虐我千百遍，我待教授若初恋。此后，不管他卖谁，我都不以为意，法布雷加斯要走，随便。范佩西要走，再见。拿不到冠军，OK。输球，谢谢！

反正，只要温格在，阿森纳的精神旗帜就不会倒下。只要温格仍然西装革履体面端庄地站在酋长球场上，我审美的眼神就永远不会涣散流亡。

坂田银时：关键时刻，让人依靠

叶弥衫

我的一些朋友会觉得我有梦中情人是件奇怪的事，我也这么认为。所谓“梦中情人”，不过是：正当时，能将青春拔离现实；不再时，切换状态遥寄彩笺兼尺素，像床前那截看得见摸不着的白月光一样抒情的存在。一个摇曳高蹈的中年妇女，要来作甚？

我当然不会告诉他们，过了30岁，蹬落“斗零踭”，甩掉电脑包，烂泥一摊跌坐沙发时，多数时候靠一集《银魂》半血复活。这种状态下能让你笑的男人，不管什么形态，岂止梦中情人，简直救命菩萨。

有个很熟的朋友怀疑这部动画的主角做梦中情人不够格：“不就是个屌丝吗？”

“你不了解女人。”我说。他竟默默承认了。

再护短也否认不了屌丝本质。作为歌舞伎町的著名泼皮破落户，坂田银时眼似死鱼，首如飞蓬。上欠房租，下拖工资。废柴为伍，宅男自居。怠惰惫懒，不知进取为何物。摆出一副欧巴桑面孔边抠鼻孔边以超大密度的修辞及语速打击年轻人“too young too naive”，常为人畜所共愤。

这位男一号能蝉联3届日本“最想结婚的动漫角色（新郎部门）”投票

坂田銀時

冠军，可见世人连梦中情人的标准都谦卑起来。对银时最多的评价，主要是关键时刻靠得住。

世道变了，想我年幼还看不懂《花仙子》的时候，就已经知道了衣服多到穿不过来的美女能找到无所不能的帅哥。那些年看过的少女漫画，往往有蠢女落难公子搭救的主线，善良是女主角的通行证，而其中的男性，无一不是英明神武的高富帅，往往竞争者还有好几个。

少年漫画当然没那么多投射臆想。男人描摹自己，放诸四海的是依靠友情与团队取得成功，闷骚一点的再来个终成正果的白富美。到《灌篮高手》，这一套路已见式微，多挨板子也讨不到好是屌丝男的命中注定，但纵被人生虐过千百遍，手中仍牢牢握住自我超越的成长母题，如同待交的党费。

言在动漫，意又何尝不在摸爬滚打的真实人生？到了《银魂》，我欣慰地发现，攘夷战争中令敌人闻风丧胆的白夜叉成了万事屋老板，躲进小楼成一统，不再有改变世界或自己的要求，如同一切曾有过上天入地的理想、最后被现实收进葫芦的年轻人。

现实世故雪球般越滚越大，更新鲜的年轻人未必看重上上世代舍弃小我改造大环境的热血，也不需要上世代“追求卓越、挑战极限，在绝望中寻找希望，人生终将辉煌”的励志口号，榜样与话语的感染力日衰。在这个博大驳杂的世界，个体唯一能亲手握住的，或许只有自家的小小生活，所以愿意解甲归田，安于做一个屌丝。坂田银时，虽然“普通的时候让你昏倒”，但只要能切换“紧急的时候让人依靠”的状态，已经给人足够的安全感。

更何况，真实人生又不是文艺作品，哪来这么多紧急事件？凡俗生活里，最难是快乐。谁说“梦中情人”的标准，不能只是吐槽精准、恶趣搞怪?

少年时的梦中情人曾是柏原崇，《情书》反复播到 VCD 机转不动，发高烧还去收得到凤凰卫视的表姐家看《一吻定情》，为了《小报急先锋》，早早发愿将来当记者。年齿渐长读书稍增，心慕高端文明，以为脱离流行文化与当年那个蒙昧懵懂的自己才是正道，不立偶像，一意孤行。而现在，宁愿不思不想窝在沙发里看《银魂》，傻笑或大哭，以一种中年心态，对消解现实努力的吐槽心照不宣，如同知道再精心打扮时间一到仍是无可避免的狼狈。

梦中情人似所罗门飞毯，看似去往迦南美地世外桃源无所不能，结果仍不出心念边界，但有什么不好?毕竟，自己的东西，才与自己亲。

不敢忘却

张国荣

陈百强

黄家驹

梅艳芳

翁美玲

陈晓旭

张爱玲

张国荣：洁净处来，欢喜处去

文珍

哥哥，早知道写信给你是极难的事。十年了，我不写任何关于你的文字，轻易不与他人谈起你，好像要说的话早已说尽，此后便只余心意而已。

但我长久记得你，怎会忘了你？每年4月1日，必点蜡烛祭奠，并从此不过愚人节。偶尔在亲近的朋友聚会时会点你的歌，不唱，只静静看与听。我当然不肯当着任何人落泪，只短短解释一声你好美——这么多年过去了，你在另一个世界还是好美。还有那次看电影，《新倩女幽魂》——并无诚意的致敬，逻辑欠奉的改编，可最后的字幕“永远怀念张国荣先生”还是猝不及防地击中了我。眼泪立刻在黑暗里结实地掉下来。我原以为多年过去，自己早该不复如此的。

哥哥，关于你我该说什么好呢？

真说起来，千言万语大概也是不够的。但这些年来已经有这么多人说了这么多怀念的话，好像一字不说也完全可以。开口说任何话，都好比加入了一支无比庞大的哀悼大军，声音随即湮没在众声喧嚣的海洋中。是的，所有人都怀念你，因为“世上再无张国荣”——这句话多么稀松平常，却平常到我一听到就心如刀割的地步，因为这是真的。

对你的感情，我更愿意私密一点，不可告人一点，或者说，更接近暗恋一点。

什么事都是如此，一旦说出去，便不值钱了。可是，一定要我为什么人写封情书，那也只能是你，而不是现世的任何人。我爱过的其他人都好好活在这个世界上，过着稳妥世俗的生活。只有你已经离我足够远，又足够美，怎样恋慕你大概都是不必害怕羞愧的。

这样解释似乎还不够。大概一切真正的感情都是无法简单定义的，哪怕是对于一个素未谋面者的倾慕也同样复杂——当然我早已在各种作品里熟知你了，只是你不认得我。

对你的迷恋，几乎贯穿了我整个青少年时代，直至你 46 岁离开也未曾或止——只是心上突然有缺，年深日久，永难填补。

这缺口完全是和你不相干的。我一点都不想指责你为什么离开，正如旭仔不必对任何露露咪咪负责，十二少也不必真的为了如花去寻死——你们这类男人，只用负责美这一件事就够了。你对此仁至义尽，一生华丽，至死化蝶，继续魅惑。

第一次对你动心，是高二某个周末——我不记得是不是艾略特的最残忍的 4 月，只记得是春暮、薄阴、微凉，中央六台正好放你的《胭脂扣》。

起初只是为你的民国扮相惊艳，直到如花死后百般等候不得，才一步步被牵引入戏。彼时的我以为，如花最终一定会找到十二少的，电影必定是感天动地的团圆俗套，却万万没有料到，最后在片场楼梯口找到的年迈老龙套，真是陈十二少。他没死，而是潦倒苟活至今——就是这残忍一幕，让我观影结束后半个小时，依然伏案痛哭。

那次就是我与你的初遇。

后来想想，大抵从那一刻起便情根悄种，并从此决定了自己对情意的偏好，

倾向于温柔软弱而非清坚决绝。你让我一早就知道，真正的感情多数千疮百孔而不够彻底——看了这么多年电影，我就从来没见过一个人能如你一样，把最不讨喜的角色照样刻画得魅力无穷，又将爱情的双刃剑本质表达得淋漓尽致。

再次确认对你的感情已是两年后。2000年的某日，突然看到你的“热情演唱会”片段。那是我第一次见到你的长发造型，穿黑色透视装，装扮怪异而性感绝伦，眼神时而妩媚时而苍凉，正吟唱那首富有争议的《左右手》。我几乎是立刻被一种说不出来的电击感洞穿了，同时认出你就是那个曾让我痛哭过的十二少。

对你的恋慕大概从那一刻才真正开始。我无法解释到底被什么东西打动，也许是全场欢呼时你眼中仍散发的寂寞，也许是你长发黑裙大步走在空旷舞台的王者之态，也许是你雌雄莫辨悲喜交加的伤兽气息。总之，你不复当初眉目如画，却开始醇厚似酒，多义如诗。

我自此开始狂热地搜集有关你的一切，新歌老歌，MTV，电影，写真照片，并习惯每日在你沙哑温柔的声音里入睡。

我追本溯源只是想说，对你的恋慕在文华酒店的纵身一跳前早已发生。

也正因为这事先张扬的狂热，2003年4月1日傍晚，才会同时有那么多人发信息给我。那时神州行的短信一毛五一条，市内电话也是五毛起，每个月随随便便五十上百话费不在话下，对于我这个穷学生而言算是不小开销。然而那天我却不厌其烦地回复每条信息：是谣传啦，刘德华还不是每隔几个月就死一次。回复到第六条一模一样的信息时我才真正悚然而惊——而后来的结果大家都知道了。

哥哥，你真的开了好大一个玩笑，不只对我们所有人，还有你自己。

那时我因为考研，在校外和朋友合租了一套房子。我和那姑娘原本要好得无话不谈形影不离，可那天红肿着眼睛回去，告之噩耗却换得一句：一个艺人嘛，死就死了呗，与我无关。

哥哥，你知道吗？就因为这句话，我转身关上房门，在房间里点了七天蜡烛为你送别，而整整一礼拜没有和她说一句话。我至今仍记得获知死讯的深夜，全世界好像唯独我一个人醒着，痛哭流涕地哀悼着一个陌生人。

最爱你在《偷情》里唱："信不过感情，从未谋面才像爱情。"这样或许可以解释为什么对你的爱"比引火更吸引，比得到了的都着紧"。而你最终的离开同样可以歌词作结："垂下眼睛熄了灯，回望这一段人生，没什么可给你。但求凭这阙歌，活在你心内，分开也像同度过。"

只是，哭红的是我万般不甘的眼，转去的是你风流跌宕的身。哥哥，你看，这些字我原本都不要说出口的，就此戛然而止罢。愿你洁净处来，欢喜处去。

天国快乐。

陈百强：谁可改变？

夏目蓝

电影资料馆放《秋天的童话》那次，大放映厅正在装修，临时放映厅摆了几排折叠椅，像是在开会，中间拷贝还放错了一次。陈百强出现在银幕上时，我瞄了瞄其他观众，希望能看到哪位也面露感怀神色——这次放映的默认模式，我单方面将其定为陈百强的粉丝聚会。

如今听歌显年龄这事儿也没什么可丢人的。5年前我请几位二十出头的香港小友唱首陈百强，她们面露夸张神色，但还是很尊老很努力地唱了首《涟漪》，因为这首歌被用在当时的电视广告里。

在我们那个时候——其实也没很久，电视里还能看到陈百强去参加上海音乐节，那是我第一次也是最后一次在电视里见到健康的丹尼。下一次便是上海的节目主持人叶惠贤在香港陈百强的病房采访陈母。那时他已昏迷很久，小学生没什么生死观，我以为陈百强就这么活着睡下去，一切都不会改变。不久后获知他离去的消息，当时的感受是迷惑多于震惊。

后来很多年，我就守着一张他的盗版磁带过活。每次听到《一生不可自决》就摇头叹气，认定这是他的人生写照。吴奇隆在纪念专辑里翻唱了这首歌，初中同桌是吴奇隆的狂热崇拜者，为原唱好还是翻唱好我们还郑重其事地吵过架。高中

时电视里重播《义不容情》，我都是听完主题歌《一生何求》再去有一搭没一搭地复习功课。关于他的贴画买了挺多张，都舍不得往铅笔盒上贴。有个专门扒港台报刊图文的电影杂志登了纪念陈百强的彩页，害我差点在数学课上泪洒当场。

成年后有了经济能力，资源也通过网络源源不断涌来。我像大部分粉丝那样，搜集了所有陈百强的 mp3，又买到全套香港十大中文金曲和劲歌金曲的颁奖礼VCD，在网上下载他主演或参演的电影，三两收集能买得起的正版专辑，翘首以盼《当我想起你》再版新发。也会搞些个人纪念仪式，在他诞生又去世的9月和10月，听那些忧郁心曲，怀想有他的那个年代。

我的怀旧症状是希望这个健忘的时代能记住陈百强。他不会再改变歌路、再出新专辑、再演电影、再开演唱会，也不会贡献娱乐新闻津津乐道的八卦。他走红时，今日文化消费主力军们多半还没诞生。“音乐梦想”这类词现在早被嚼烂，谁还会记住一个三十几年前的年轻人弹电子琴、组乐队、自己写歌唱自己的故事？陈百强慢慢变成一个“英年早逝”的符号，只在清明节出现在媒体的盘点里，一年又一年。

我强迫这个时代记住陈百强——当然时代不听我的，反过来我只好处处留心搜集陈百强的遗影留在现今（非清明节）的蛛丝马迹。6年前iPod平面广告出现在报章和地铁里，创意是几十上百张的老唱片封面，最打眼的那张便是陈百强的《凝望》专辑。选秀比赛上偶尔会唱到《一生何求》，年轻的声音也自有为赋新词强说愁的认真和执着。《金鸡》的结尾处，当吴君如在这首歌中拔足飞奔时，我哭得死去活来。几乎8年后见到赵良骏导演，最想问的问题是：为什么是这首歌?

人们总说，陈百强唱着禁毒歌《摘星》，却因过量饮酒和滥用药物造成脑昏迷，多么讽刺。但我还是喜欢听他的励志歌。在最早的一首《突破》里，陈百强唱道：“求突破冲障碍，时代会因你多变改。”我不能代表谁断言时代因陈百强而变改，只能代表自己说，我的时代因你多变改。

黄家驹：摇滚的大时代已经落幕

达摩

要用相貌来选梦中情人，黄家驹不及格。饱满额头，油光满面，一看就是内分泌旺盛型人格的他，如果活到中年一定会谢顶。即使在丑人如云的香港，他的相貌也至多只能算中上，如果不听他的歌，你不会知道他的魅力所在。

（对70后、80后来说，无知的少女/少年时代，正赶上从信息匮乏到改革开放的转型期，一丝西风东渐，全部依靠港台做二传手，这导致了我们的喜好如此相似。如果让今天的孩子列一张梦中情人清单，上面也许可以从杨幂到巴神，从重口味的波兰斯基到根本不是人的阿凡达，但我们的青春期从未享受过这种奢侈的多元化。）我们无非是为粉哥哥还是粉校长斗斗嘴而已。

翻开20世纪的港台影坛及歌坛花名录，阵亡将士名单无比辉煌：翁美玲、邓丽君、张国荣、钟保罗、张雨生、陈百强、梅艳芳……当然，还有黄家驹。你要问谁是我的梦中情人？真抱歉，他们全死了。

人固有一死，怎样的死法才算死得其所？翁美玲开瓦斯自杀，张国荣纵身一跃，陈百强药物过量……黄家驹死得最冤。1993年，他在日本参加电视游戏节目录制，不慎跌落舞台，急性内出血及脑损伤，昏迷7天后不治身亡。

当时的Beyond，因为不满香港流行乐界的现状而赴日本发展，为了在异国

提高知名度，不得不在一些电视综艺节目做嘉宾，而这档名为“想做什么就做什么”的节目是当时东京富士电视台最受欢迎的游戏夺宝节目。由于舞台湿滑，录制时有人滑倒，撞向台后的背景板，背景板后的支架脱落，节目主持人内村光良和黄家驹分别坠地，家驹不幸头先坠地，当时即陷入昏迷。

“香港没有乐坛，只有娱乐圈！”早在香港的时候，黄家驹就直言批评香港流行音乐大量翻唱，原创能力低下，歌星忙于应付各种应酬性的演出混脸熟。“有些歌星上综艺节目踩踩蛋、饮饮奶、打个筋斗，有什么意思？对音乐的帮助是零，只提高了自己的知名度而已。”

他没有想到，远赴日本发展依然逃脱不了“被娱乐”的命运，依然要扮成“邻家男孩”去讨观众的欢心，命运这个讽刺高手最终判了他死刑。而当时的日本，只有一家报纸报道了此事。更加一语成谶的是，在他坠地昏迷的日子里，人们才联想到，他到日本发展后起的日本名字“KOMA”跟英语“昏迷”（coma）谐音。

第一次听Beyond是在小学六年级。央视播出了《我知道你的迷惘》的MTV，这首歌很快传唱开来。Beyond那种追求理想、关注社会的摇滚风格，虽然与当时的香港乐界格格不入，却在90年代初的内地很有共鸣。当时内地正是十个青年九个摇滚的年代。1988年，Beyond在大陆交流演出，跟崔健、黑豹相遇。很快，我又听到了《我知道你的迷惘》的粤语原版《真的爱你》，听题目仿佛是情歌，但其实是一首母爱的赞歌。

喜欢披头士、深受鲍勃·迪伦影响的黄家驹，其创作从来都不局限于情歌，他不但是乐队主唱，更是身兼吉他手、填词、作曲的多面手和灵魂人物。他的创作表现出宽阔的视野和胸襟，歌曲大多歌唱抱负、呼唤和平、关注家国命运、谴责战争与不公平的世界，从歌名就可见一斑——《莫欺少年穷》、《农民》、《大地》、《长城》、《海阔天空》、《秘密警察》……Beyond 也从一支半地下摇滚乐队蜕变成为真正广受欢迎的主流乐队。

最让我吃惊的是Beyond的歌词，尤其是第一次听到《长城》。“迷信的村庄，神秘的中央，还有昨天的战场，皇帝的新衣，热血的缨枪，谁能甘心留连塞上？围着老去的国度，围着事实的真相……”，歌词把长城直呼为“显赫的破墙”，是“留在地壳头上”的“一道疤痕”，讽刺如此大胆，充满深刻的隐喻，几乎是一首诗。

《光辉岁月》是黄家驹写给南非黑人领袖曼德拉的作品，在此之前，从来没有一个中国的乐队或歌手、一首华语歌坛的歌曲能有如此广阔的眼界。《Amani》是Beyond乐队探访非洲贫困地区后创作的作品，关怀饥饿儿童，控诉战争残酷，作品中反复出现的肯尼亚语祈祷词充满悲怆，在黄家驹去世后的华语歌坛成为难以复制的绝响。

他死后15年，当年并不厚待他的香港乐坛还在给他追颁各种殿堂级的音乐奖项，不知道是他领先时代太多，还是这个时代反应迟钝，后继乏人。

约翰・列侬被刺杀身亡后，披头士失去了灵魂人物。同样，失去了黄家驹的Beyond也没有逃脱这种命运，剩余的3人苦苦持守，对音乐的忠诚固然值得尊敬，但这支乐队再也找不回以前那种丰沛的才华。听众变了，斗转星移，摇滚的大时代已经落幕。

有时在KTV，偶尔点唱Beyond的老歌，画面多半是四人音乐会的现场，黄家驹穿着背心，疯狂地拨着吉他，大汗淋漓，像一个玩到酣处的少年。我想起他曾经说过："在最光辉灿烂的时候把生命一下子玩到尽头，就是永恒。"这个只上到初中的孩子，17岁因邻居搬家留下的一支木吉他，全凭自行摸索走上了音乐之路。他说："我整天觉得自己背着吉他，就像背着一把宝剑。"

他死时31岁，没有固定女友。

天妒英才，有时未必不是一种眷顾。翻看网页，夭亡者永远被定格在青春美好的年龄。幸存至今的，Google排名靠前的全是松弛肥胖者的近照。与翁美玲相恋的汤镇业，当年何等俊朗，如今蜕变为秃头猥琐的怪蜀黍，而阿翁在照片里巧笑倩兮，不给你一点机会看到她红颜衰老。张国荣陈百强们也是一样，活着是美少年，死后这么多年，依然是个美少年。

又何必替黄家驹不值？死于一台无聊的综艺剧，固然是死得滑稽了些，但这又如何？写《滕王阁序》的王勃，少年成名，千古文章，27岁就死了，死于溺水，还不是淹死的，是吓死的。

后来喜欢陈奕迅，乍一看以为黄家驹转世，两人身高差不多，也是饱满额头，油光满面，眼角上挑带桃花，嘴唇不大而丰厚，内分泌旺盛型人格。同样有音乐才子之誉的陈奕迅已被捧为香港第三代"歌神"，他比黄家驹小了整整一轮，属相相同，最喜欢的乐队是Beyond，但两人的曲风天差地别。如今的歌者，懂得大大方方跟商业握手，姿态从容佻达，同时不必受责备。

黄家驹去世21年了。陈奕迅今年40岁，早已结婚生女，并且开始谢顶。

梅艳芳：处境都变，情怀未改

邱大立

我早就知道，这是个一辈子都绕不开的名字。

80年代中期，我在安徽芜湖读初中，被姐姐带坏了，疯狂地爱上了听歌。那时候，内地是没什么资讯的，我只能天天趴在阳台上，伸长耳朵听楼下邻居放歌，了解世界的发展。1986年，我考上中专，以学英语的名义骗我妈花126元买了一台小收录机，终于可以不用趴在阳台上练习特技了。在还没发育周全之前，我模糊地喜欢过邓丽君，那时候感觉她的歌声像汤圆一样，又软又滑，但她圆圆的脸也像汤圆一样，实在不耐看。

难道就没有骨感一点的姐姐吗？

中专时，我们班男同学7个，女同学32个。男生被其他班戏称为“七仙女”。可这“七仙女”都属于“七不”产品：不帅、不富、不会混、不能说、没家底、没特长、没野心。我们眼瞅着漂亮女同学被其他班甚至小班级的男生掳走了。不漂亮的女生每天中午和我们“拱猪”、“斗地主”。邻座的鲁玉洁是个胖女生，很喜欢唱歌，唱粤语歌时特别有味道。有一天，她买了一盘梅艳芳的磁带，国内音像公司引进的。那时，我早就从《电影世界》画报上发现了这个名字。磁带封面上，梅艳芳穿着垫肩大西服，戴墨镜。她长得很怪，脸部轮廓像刀刻出来

一样，嘴唇很厚。一般男生是不敢把这种类型作为梦中情人的，但在我眼里，她全身有股说不出的魔力，她的风情是埋伏在骨子里的。梅艳芳在舞台上的造型无人能比，那干瘦如芦柴棒的手臂像充满了高压电。我那时就想，这个女人的演唱会该是怎样一个场面啊？

鲁玉洁家的录音机肯定比我家的还破，她给我翻录的磁带明显音量不均衡，音质魔幻到像从风箱里拉出来的，听得我痛苦不堪，但周围实在找不到喜欢梅艳芳的人了。1987 年，全中国都在放韩宝仪的《粉红色的回忆》。那张专辑的第三首歌是《似水流年》，它应该算是我平生喜欢的第一首粤语歌。80年代中期，在内地听粤语歌可以说是“反人类”的，可我总喜欢找刺激的事干。每次坐在黑夜里听她的歌，都是一种温暖的交流。她用一首首歌把难堪的人生碾碎了，变成痴爱。那盘梅艳芳的翻录带我听了无数年，一直舍不得扔掉，后来还带到了广州。

梅艳芳和张国荣是终生挚友，我在80年代就知道了。但他们1987年合演的《胭脂扣》，我直到2007年才第一次看。那是部百看不厌的电影，梅艳芳对情的专一、对爱的坦荡，至今让人不忍多想。还记得2003年张国荣自杀后的一则新闻——梅艳芳独自躲在房间里“哭叫如狂”。那样的友谊，世间能有几回？

梅艳芳是个苦命人，至死没能找到她的亲密爱人。2003年秋，在得知自己患了宫颈癌后，她决定筹备人生最后一场演唱会。当时她的身体已虚弱无比，据服装设计师刘培基回忆：“她连喝一杯牛奶的力气都没有，但一站到舞台上，就浑身充满了力量。”演唱会上，她披着婚纱，对歌迷说：“我把自己嫁给了舞台，嫁给了你们。”

1989年4月，梅艳芳第一次赴内地开唱，在广州天河体育馆连唱5场，那时，我还在家乡逃课。1994年，我来到广州，但一直没等到她的演唱会。2004年开放香港自由行，内地人终于可以去香港看一看了。为了去一次香港，我办证花了700块。坐在维港的轮渡上望着那片海景时，梅艳芳的歌再度响起——“我怀念，怀念往年，外貌早改变，处境都变，情怀未变。”

一个歌艺和人品俱佳的歌手，喜欢了几十年，但始终没能抵达现场，也许是种遗憾。2007年，黎小田演唱会在红馆举行，我坐在山顶，谁也没记住，只记住了不是歌手的余安安。48岁的她唱了梅艳芳24岁时唱红的《胭脂扣》，歌迷在现场忘情高喊“Anita”，声怆全场。快10年了，为什么那么多人至今惦记这个人呢？

2010年，经李文枫中转，我和中专同学姚晓红在失去联系21年后终于又接上了头。她告诉我，鲁玉洁不想在芜湖待了，准备出来找工作。女人到了这个年龄，还能有这个勇气，我很佩服她。那个时代，我们都没有什么好的专业可选，现在，我靠写乐评混饭，饿不死，也买不了楼，我觉得自己还算幸运，至少不用人到中年还背井离乡找工作。在那个摸石头过河的年代，谁也没点透我们干什么才是最有出息的，我们于是光荣地担负起试验品的角色，一切都是凭自己的想象甚至怨气横冲直撞。

在广州夜宵界闯荡了30年的传奇之人，人称“夜市妖姬”的炒螺明，应该也是和我一样把梅艳芳视为人生榜样的。他风餐露宿养家，被老婆视为“丢人现眼”，跟他离婚。他含辛茹苦供女儿读大学，女儿却觉得在同学面前“丢份”。可这一切并没影响他对生活的乐观。

几乎每年都会写一两篇梅艳芳的文章，有时是媒体需要，有时是自发的。父亲提醒我：“不要总写死人的文章，多写点活人的。写多了死人，会影响人的心情。”我知道父亲是为我着想，但我也知道，人的心情是可以超越生死的。

翁美玲：我生命中的“第一个糖人”

的灰

1984年，省城电视台播映香港电视连续剧《射雕英雄传》，11岁的我，在外婆家度暑假，无意中看了几集。开头没看到，一上来就赶上傻小子郭靖出了大漠来到江南，在街市上遇着一个小叫花。那小叫花衣衫褴褛，面目肮脏，却有着一双黑白分明的闪亮大眼，他告诉郭靖，他的名字叫黄蓉。

或许没有几个观众像我一样，没读过原著也没跟住剧情，完全没看出这个男孩是女子假扮。几集之后，真相大白，江边小船上琴韵婉转裙袂飘飞，小妖女惊艳回眸，那一刻我精准地感受到傻小子郭靖的心情：天啊，是女孩，而且是这么美这么可爱的女孩。

在那之前，我们已经开始接触香港电视连续剧，《霍元甲》、《陈真传》、《上海滩》、《再向虎山行》……男生们最时髦的是穿“陈真服”，戴“许文强礼帽”，女生们都喜欢梳冯程程的小辫，每个人都会哼“万里长城永不倒”，“老包啊老包，求你暂老包”……但是《射雕英雄传》，黄蓉，翁美玲，还是不一样的，她们来自一个更加虚幻的世界，清新、脱俗，美得不可置信。那双闪亮的大眼睛，娇俏灵动的神情，甚至那双长歪了的兔仔牙，都是前所未见的美，一颦一笑，都可爱得令人倾心。

回头想来也挺奇怪，貌似当时最迷恋翁美玲的，不是男生，大多数是和我一样的小女生。我们叫她“阿翁”、“蓉儿”或者英文名“芭芭拉”，热烈地讨论她的美，她的爱，她的作品和人生……关于她的资讯，我们了解得并不多。没有网络，没有电脑，电视中没有娱乐新闻，报纸上的报道也很少。学校图书馆里有一份《中外电视》，算是报道港台娱乐信息最多的一份杂志，每一期新刊，全校的学生和老师都抢着看。我们从这些少得可怜的讯息中，知道了阿翁的身世、艺途，知道她在英国长大，专业是纺织设计，回港参加港姐选举落选，在电视台做过主持人，走红就是因为《射雕》这部电视剧。

她那时候是真红，就算在我们那个北方小城镇，她也是香港明星中的第一红人。那时候我们追星，主要乐趣是收集“不干胶”贴画，还有黑白“艺术照”和彩色明信片，每个贩卖的小摊上，都有整摞整摞阿翁的贴画和“艺术照”。每版贴画上会有很多照片，难免有重复，不要紧，为了阿翁，我们不辞辛苦地买来整理交换。那些贴画，都精心收藏在小盒子中，没几个人舍得撕开来贴用，直到现在，我还存有完整的几版。

但是，再红的艺途，再多的追捧，都没有用，她只要一个人的爱。

我们和她只共度了不到一年。第二年的初夏，她走了，开煤气自杀，年仅26岁。几乎所有的媒体都用“天妒红颜”、“香消玉殒”等华美的词汇渲染着这场悲剧。但是，就连年少的我也深知，死亡没有那么浪漫，死亡就是永远离开，不会再回来。说起来我也很悲剧，前半生真正追过的星只有两位，一位是翁美玲，一位是张国荣。或许冥冥之中有什么定数，让我始终没机会陪着喜爱的人一直到老。

直到现在，回想当年，仍然记得当时的悲伤。是，他们生活在遥远的另一世界，与我的生活没有任何交集，但是他们的音容笑貌，他们的作品，陪伴过我的岁月，抚慰过我的心。对他们的感情，不是爱情，不是亲情，不是友情，但是同样浓烈，同样深远，同样柔软得不可触碰。他们在我的心里，早已是亲切的邻家哥哥姐姐，一路一起走来，也要一起走到底。没想到，这一生中，真是没有任何人能保证和你一起变老，活得那样轰轰烈烈热火朝天的人，也会在一个猝不及

防的时刻离去。

成年之后，时过境迁，翁美玲的名字，已经不大见媒体提起，只是在一部分同龄人中，说到“阿翁”，还像一个温暖的暗语，是某种沟通心灵、触发记忆的匙扣。我终于在网络上找到了阿翁的全面资料，看到了当年的详尽报道，终于也大略明白了当年被传得一塌糊涂的那段感情。我们曾经都很恨汤镇业，觉得他简直就是谋害阿翁的凶手，现在回头看，却觉得这个男人相当不易，有胸怀、有担待。当年“五虎将”的第一把交椅、红透半边天的“玉面小生”，自阿翁死后便一蹶不振，不能不说是受了无谓的连累，但是这么多年，他从不主动提起，没有一句怨言。他还能怎样呢？别去追究放入棺木的那把夫妻梳了，人与人之间，并没有多少注定的缘分。

阿翁永远地留在了 1985 年，但整个世界仍在往前走。她爱过的人，交过的朋友，合作过的伙伴，有的一直在红，越来越红；有的渐渐销声匿迹；也有的异军突起，从默默无闻到扬名天下……八九十年代的香港文化，整整影响了一代中国人，粤语歌、动作电影、武侠小说、TVB 剧集，牢牢地植根在我们的记忆深处。《射雕英雄传》仍然那么受欢迎，重拍了一遍又一遍，各个版本的黄蓉层出不穷，到处都有争论——翁美玲、米雪、陈玉莲、朱茵、周迅、林依晨……哪个黄蓉最好？

但是，总有那么一些人，像我，是不会跟你争论这些的。她们再好，与我无关。我心目中的黄蓉，就是那个黑眼睛兔仔牙的女孩，她陪我走过青春岁月，走过最为激荡的那段人生。她永远是唯一的、最好的，就像金庸小说里提到的那样，是我生命中的“第一个糖人”。

陈晓旭：与葬花人一起消逝的青春

十年砍柴

2007 年 5 月，87 版电视连续剧林黛玉的饰演者、后皈依佛门法号妙真的陈晓旭病逝，年仅 41 岁。

一个时代有一个时代的审美情趣，电影加画报的时代，男青年的梦中情人往往是电影中的当红主角——同时，她们也是《大众电影》等杂志的封面人物。“文革”结束后，银幕上出现的娇媚活泼的女影星，成为一代男青年的女神，如刘晓庆、陈冲、张瑜、龚雪等。

但晓庆阿姨这代影星当红时，我还懵懵懂懂，只觉得这些女人好看，而无情窦初开少年被异性美冲撞后的心旌摇曳之感。《红楼梦》在央视播出时，我刚读高二，对异性有了朦胧的向往。初三时就将《红楼梦》仔细读过的我，也曾无数次想象过林黛玉的形象。“两弯似蹙非蹙罥烟眉，一双似喜非喜含情目。态生两靥之愁，娇袭一身之病”，究竟是何等模样？“一年三百六十日，风刀霜剑严相逼”的不安全感，究竟造成林妹妹怎样的举止？

陈晓旭出场，一下抓住了我的心！那份带着尖刻的聪慧，那种纯真又多疑的少女情怀，那“刀子嘴豆腐心”的仁厚，完全符合我对黛玉的想象。那年暑假，我沉浸在对林黛玉命运的伤感中——尽管早就知晓“林黛玉焚稿断痴情”的悲惨

结局，但文字的描述，怎比得上陈晓旭将林黛玉初进贾府的天真、万念俱灰时的伤心演绎得如此具有冲击力？

母亲是一位风风火火、性格泼辣的农村妇女，她是个超级戏迷，把《红楼梦》一集不拉地看完。但她很不喜欢林黛玉，认为那个娇滴滴、病怏怏的样子，没事找事，纯属吃饱了撑的，怎么会有男人喜欢？《红楼梦》中诸人物，她最喜欢邓婕扮演的王熙凤，认为当家人就得是那样的角色。母亲怎能了解她的儿子——一位春心萌动的高中男生的心思？

现在想来，陈晓旭扮演的林黛玉就是我青少年时代标准的“女文青”形象。80年代中后期，中国还处在文学兴盛之时，作家、诗人——哪怕只在省地级刊物发表一首短诗的业余作者，也会受到身边文学青年的追捧。大中学校园则到处是文学青年，我和我的一帮同学也搞起了文学社，刻印蜡板，油印我们自己的文学作品。说“文学作品”有点高抬自己，那只是一群处在青春期的中学生对梦的描绘。但当时，我们是那样真诚，觉得自己正做着一件伟大的事。

文学社的一位女生是我的同班同学，长得清秀白皙。因母亲早故，有着与林黛玉相似的人生际遇，常郁郁寡欢，脸上带着愁容。她对男生多不假颜色，也许是因为都喜欢《红楼梦》，和我倒谈得来。她有一副好歌喉，《红楼梦》中的插曲能一首一首唱下来，音词俱准。那年寒假，我们一起去另一位同学、也是她的闺蜜家，路上三五好友打打闹闹，有人提议她唱一首《葬花吟》。她停住脚步，站在山路上唱起来。多少年过去了，我还记得那个黄昏，歌声飘荡在田野上，所有人都怔住了，我想我犹然。但自始至终，我只能把这份恋情埋在心中，就像喜欢书中的林黛玉和荧屏上的陈晓旭一样。

陈晓旭18岁角逐林黛玉这一角色时，凭她14岁时发表的一首小诗打动了导演王扶林。从文学的角度来评价，那首诗很稚嫩，仅仅是文学爱好者的水平。可那番意境，和《葬花吟》中“花谢花飞花满天，红消香断有谁怜？”非常相似。真是诗谶呀。

新版《红楼梦》拍摄前，制作方大张旗鼓以选秀来造势，我一点也不关注；2010年该剧播出，我一集也没有看过。在我心中，没人能代替陈晓旭所扮演的黛玉，不看不关注，便不破坏美好的回忆。后来，传出某贪官和新版《红楼梦》剧组主要角色扮演者的种种丑闻，我想还好，陈晓旭没能看到这些闹剧。

再后来，音乐人苏越因合同诈骗罪被判处无期徒刑，他的爱人、87版《红楼梦》中被看作“小黛玉”的晴雯扮演者安雯为减轻其罪罚，不惜卖房偿债，寄人篱下。由此我想起晴雯病中补孔雀裘那一幕，再联想陈晓旭的命运，不由感叹：戏如人生，人生如戏。我的青春，也与葬花人一起消逝了，留下的，只有这看客的喟叹。

张爱玲：仰起的脸与傲气的眼

马家辉

十八九岁时有段时间，没上学也没工作，留在家里每天清闲，读书写作，过着有史以来唯一“零负担”的日子。

白天家里没人，黄昏来临前，家中客厅变成我的“书房”，卧躺沙发、翘起双腿，爱翻什么书便翻什么书，看累了便不知不觉间睡去。有时执起望远镜，偷窥对街住户，隔窗看女孩子换衣或洗浴：形而上与形而下合为一体，堪称生命中最快乐的岁月。

睡觉难免做梦，梦中常现各式人物。我是个多梦的孩子，小时候经常梦游，跟不知名的人打麻雀、下跳横，啥事情都做过。到了青春期，梦中场景更为多样，能说不能说的都有，但已没有梦游了，只有脑海影像而没有肢体动作，省下不少力气。

那时候迷上台湾作家的书，故常入梦，作家们现身梦里跟我谈笑论事，梦过白先勇王文兴李欧梵林文月，也梦过朱天文朱天心张大春。不太记得跟谁做过什么了，只见过梦中的隐约脸容及欢喜心情，如粉丝见偶像，不，不是“如”，真的是粉丝见到了偶像，影像是假的，强烈的感觉却千真万确。

还有一张脸，是张爱玲的。那仰起的脸、傲气的眼、浅浅的笑，仍然记得。

阅读张爱玲的起点是《心经》。在湾仔的艺术中心看过荣念曾改编的舞台剧，没有剧情，只是照例非常荣念曾式的一群人在舞台上缓慢地从左边走到右边，再从右边走回左边。有音乐，有投影，没有太多对白，却有浪漫而哀伤的力量。离场后我缓慢地走回家，平日很短的一段路，忽然觉得好长好长。

看完《心经》，理所当然往《半生缘》、《红玫瑰与白玫瑰》、《倾城之恋》的方向探索过去，从此在张小姐的文字花园里千转百荡，不肯走出，并由文字迷上面容，由现实迷到梦境，好多回于午睡的恍惚里见到她。她朝我笑，我很紧张，每回都很紧张，然后通常转醒过来。再看对街住户，再诱人的胴体亦已变成庸脂俗粉，不屑一顾。

那时候买的张爱玲的书多年以来一直在我身边，加上后来的，家中书架有了一个“张爱玲专柜”。她写的、写她的，都有。十年前在香港的一次饭局遇见几位台湾来客，说正在筹备张爱玲电视剧，我一时慷慨，把几本难得的参考材料借给他们，对方答应要还，过了两三年却未见消息。我忍不住厚着脸皮托台湾朋友追讨，终于讨回部分，心始释然，尽管并未全部释然。此乃生平第一次亦是唯一一次把书借出去了却仍主动索还并且是隔山越海地索还，只因跟张爱玲有关，不可失、不应失。

曾有一段日子我在地理杂志担任记者，专驻东南亚，在泰国、老挝、缅甸、越南等国家间游走，飞机于我如巴士，并且常要坐在候机楼内漫长等待。随身行李必有一本张爱玲小说集。耐看，不必担心看不下去，不必担心很快看完，随手翻开一页都可读之再读，如见熟悉的朋友，心情顿然宁静沉着，或可用“舒服”二字形容。像游走得累了，回到家里，见到亲人，最强烈的感受总是舒服。

以前写过一篇文章说某回在旅途中遇见一女子，她约我晚上见面，我心动了，却没去，夜里独自躺在酒店床上，不无后悔与遗憾。那是不可救药的滥情与浪漫，却又是惋惜于某种技艺之浪费，如同《红玫瑰与白玫瑰》里那位娇蕊，她与振保坐在阳台，喝茶、调情——

娇蕊道："说真的，你把你从前的事讲点我听听。"振保道："什么事？"娇蕊把一条腿横扫过去，踢得他差一点泼翻手中的茶，她笑道："装佯！我都知道了。"振保道："知道了还问？倒是你把你的事说点给我听罢。"娇蕊道："我么？"她偏着头，把下颏在肩膀上挨来挨去，好一会，低低地道："我的一生，三言两语就可以说完了。"

半晌，振保催道："那么，你说呀。"娇蕊却又不作声，定睛思索着。振保道："你跟士洪是怎样认识的？"娇蕊道："也很平常。学生会在伦敦开会，我是代表，他也是代表。"振保道："你是在伦敦大学？"娇蕊道："我家里送我到英国读书，无非是为了嫁人，好挑个好的。去的时候年纪小着呢，根本也不想结婚，不过借着找人的名义在外面玩。玩了几年，名声渐渐不大好了，这才手忙脚乱地抓了个士洪。"

振保踢了她椅子一下："你还没玩够？"娇蕊道："并不是够不够的问题。一个人，学会了一样本事，总舍不得放着不用。"

我于惘惘遗憾之中睡去。但那夜出现梦中的不是张爱玲，而是另一位远在花莲的台湾女子。

历尽浮生

Beyond
黄元申
郑智化
萧芳芳
孟庭苇
黎姿
李勇勇
刘晓庆
朱琳
邢质斌
王心刚
笠智众
因扎吉
普京

Beyond：喝到生命最初的那口水

绿妖

1992年我正在上技校。上课听不懂，高压电、涡轮增压、线圈电流……这些词完全不进入我的记忆系统，最大的慰藉是跟朋友互相写信。除了开头一两页，后面十几页全是抄书、抄诗、抄歌词。周末晚上，跟宿舍女孩去跳舞，穿着十几块钱做的黑裙子，化了妆，用很劣质的粉，一边走一边感觉它在往下剥落。于是不再去舞厅。那两年，世界是一个黑白默片，我经常听不到别人叫我。这时，听到了Beyond。

街头的磁带店，10块钱一盒，盗版7块。一个钢琴前奏，清冷如雪："今天我，寒夜里看雪飘过，怀着冷却的心窝飘远方。风雨里追赶，雾里看不清影踪，天空海阔你与我可会变。"

我抄那么多，试图使你知道，音乐响起，鼓和贝斯重重的节拍合着心跳时我的感受。那时没网络，对一个遥远歌手的了解只能靠磁带封面——印刷模糊的一张四人照片。我努力分辨，也无法知道谁是黄家驹。

1996年，用工资买了当时罕见的VCD，三碟连放那种，5500元，是生活中的奢侈品。看演唱会，这时候才知道哪个是黄家驹。原来不是那个长头发的。歌里有些词反复出现：空虚、灰色、被逼、挣扎、唏嘘。那正是少年荷尔蒙最旺盛

时的共通感受，用一句他们的歌词形容就是："总有挫折打碎我的心，不会放弃高唱这首歌。"你要问：不放弃什么？我答不出。我只知道，活着不止眼前所见，一定还有另一种。那是他们在音乐里制造的一个"远方"。

短头发的黄家驹，抱着吉他在舞台上欢乐地跑来跑去，跟人飙琴。他穿一件金色背心，汗一滴滴落在棕色的皮肤上，也是欢乐的。

我身边的年轻人，没有不喜欢Beyond的。表弟借走VCD，很快，隔壁响起他大声跟着唱的声音："我们虽然不在同一个地方，没有相同的主张，可是你知道我的迷惘。"

同年，因为有VCD机，家里开了一个露天卡拉OK，3块钱唱首歌。表弟雀跃道：太好了！把Beyond拿去放吧。我感觉被背叛：这怎么行？！他困惑地说：可是……那再买一张好了，拿新的去放总可以吧。但对我来说，这音乐是神殿，怎能用于卖钱？

还是被拿到街头播放，点唱率超过张国荣张学友刘德华。无聊的男生们骑着摩托过来唱首歌，又骑上摩托沿县城转一圈，回来再唱。这是他们下班后为数不多的娱乐。县城的生活是很枯燥的。唱这些歌时，平时愣呵呵的男孩子，紧紧咬着挣扎、愤怒、空虚、自由这些词儿，攥紧拳头，一下一下地重重挥舞，脸变得有些狰狞。这时他们真好看啊。

2012年，看王小妮《上课记》，她的学生很多来自农村、县城，读过的作家里排名最靠前的是路遥和余秋雨。后来她发现，只要放Beyond的歌，大家冷漠的眼神会集体闪亮。我想象那画面，想象那些不曾谋面的少年，想象他们的空虚、愤怒、挣扎，他们的远方在哪里？我该为黄家驹仍未过时而欣喜，还是悲哀？

很多年里，我为成长的贫瘠荒凉耿耿于怀。为什么我不能在小时候就听到莫扎特，就看到《红楼梦》与《百年孤独》？年纪渐长，我开始想，荒凉何尝不是一种营养。当然，它不通向优雅光滑的人生，但它在外表的粗粝中蕴含力量。少年时，上天没给我莫扎特，而是黄家驹，但我同样喝到了生命最初的那一口水。对一个少年，这就够了。

黄元申：别后甚好，勿念

黄佟佟

前几天采访一位商业大亨，问了个常规问题：成功的原因是什么？

我以为他会答勤奋或者天分之类，结果人家斩钉截铁地说："运气，当然是运气……当时代需要你的时候，你刚好站在了那里。"——听到这答案的瞬间，我脑子里想到的却是一个叫黄元申的男人。

黄元申是谁，没有和我一样上了点年纪的人不会知道他。这么说吧，黄元申就是霍元甲，1983年，他主演的电视连续剧被选中在内地播放。虽然此剧在香港风评并不佳，但谁让它是改革开放之后第一部引进的港产剧呢？他顺理成章成为80年代女孩们最初的恋人。我不知道别的地方的情况，反正我们那个班里，几乎所有的小学女生都爱上了他，这比率和后来爱上姿三四郎不相上下。

每当"昏睡百年，国人渐已醒……"的音乐响起，宛如号角吹响，人们脸色为之一变，起身的起身，收拾碗筷的收拾碗筷。不一会儿，宿舍区的路上悄无一人，闪着雪花的银幕是吸铁石，人们像粉末似的被粘到它的周围。作为一个不动声色、有点傻呆相的小学女生，我抑制住内心的激动，飞速跑到邻居家，在一堆人的后脑勺夹缝中悄悄开始与他的约会。

我有厚厚一本贴满他不干胶贴画的日记本，我至少看过5遍《霍元甲》，我

喜欢看他在老婆秀枝和红知情男之间辗转难择、欲爱不能的表情，还喜欢看他英姿雄发大耍“迷踪拳”的帅样。最主要的是，我甚至因为他喜欢上了班上一个男同学，因为他有着和他差不多的高鼻子深眼窝及厚嘴唇，每次看到他紧皱眉头眼眨泪水的时候，我就会在内心深情呼唤，别折磨自己了，来找我吧……从此，我对厚嘴唇的男士始终有一种难解的喜爱，这源自于那时萌发的邪恶念头——和这样厚的嘴唇接吻应该很舒服吧。

一段美好的暗恋需要一个决绝的收梢，这一点是黄元申和齐秦不一样的地方——当齐秦还努着劲在各地淘金时，黄元申的身影早已凌波微步般停留在心海之间。有关他的故事只有一个大概轮廓。50年代随父母去香港，12岁拜师学武，20岁时报了邵氏演艺培训班，一年后被吴思远看中成为《饿虎狂龙》的男主角。1972年，因为科班出身兼之会洪家拳、空手道，他成了圈里最被看好的男艺人。《星岛晚报》说他“静若处子动如狡兔，文也文得武也武得”，和张爱玲打过嘴仗的潘柳黛夸这个男人非常出色，影评人公孙鲁更赞他是大将之才……

作为TVB首席武侠片当红小生，他一口气接拍了无数电视剧，1979年的《绝代双骄》是香港开埠以来最多人观看的电视节目。不过，英雄到底难过美人关，1977年他在拍摄电视剧《大报复》时遇上了美女赵雅芝，赵在入娱乐圈之际已经嫁了一位医生，而黄元申更有个贤惠的台湾太太，育有一儿一女。使君有妇，罗敷有夫，却阻挡不了感情的发生。1978年两人合拍动作爱情喜剧电影《剥错大牙拆错骨》，书香弟子爱上了秀美少妇，写下诸多书信，这些信遂成了呈堂证供——传说赵雅芝的丈夫识得某周刊老总。

绯闻对女方影响甚微，却对黄元申影响巨大。登在某周刊上的情书让他颜面无存，很长一段时间里，他足不出户，甚至闹出自杀。他爱情不顺，事业也不顺，离开 TVB 转战丽的之后声势渐弱，于是开始接触佛教，天天要落蚊帐念经。1989 年 7 月 29 日，他在香港宝林寺削发为僧，法号衍申。

与从前喝马爹利玩卡拉 OK 吃生肉的大明星生活相比，做和尚清苦无比，但他说："我出家后心情特别好，感觉很轻松。过去真的活得很辛苦，想角色、想情节、争名利，筋疲力尽。"2005 年之后他开始行踪不明，有人说他还俗去了美国，有人说他在台湾。比较靠谱的说法是他还了俗，带着儿子在大陆生活。大彻大悟的他有句名言："生活没什么不一样，人生就是演戏，从前我演角色，现在我演和尚。"

我很高兴我爱过的男人过上了他想要的生活，不过从此，我每次进庙都要端详和尚大师的长相。如果有一天碰到他，我会说些什么呢？应该是"大师，别来无恙？"而他会说什么呢？我给他想了两句台词：一句很酷，"女施主，你认错人了"；另一句很暖，"别后甚好，勿念"。

郑智化：那些歌都在心里

白夜

每个歌手都会唤起一种通感。想起郑智化，我就想起遥远的台北的夜、路灯、血红的玫瑰、哀伤的女郎、《将军族》、《孽子》、火车站、流浪的少年。

把郑智化和这些形象带到我们中间的，是小魏。学校里，他跟我是同桌；学校外，他跟我是邻居。他没有念高中，初中毕业进了铁路技校；技校毕业，到小站当扳道工。90年代，他每月薪水一千多块，是地方上普通职工的三四倍，因此可以买得起引进版的磁带，一盒十三四块，磁带盒上有唱片公司的标志，滚石或飞碟，盒子里有折页的歌词纸，甚至歌手写真，堪称豪华。所有歌手里，我们最爱郑智化。

另一个是小谈。他黝黑壮硕，是学校足球队队长。他对郑智化的喜欢近乎狂热，他一遍遍抄写郑智化的歌词，一个字抄不对，撕掉重来。还有小杜，他苍白瘦削，也是足球队成员，性格平静，对什么事物的喜爱都淡淡的，即便郑智化也不例外。他紧跟着小魏进了铁路技校，毕业后同样去了小站，同样做扳道工。

我们四个是最好的朋友，常在小城的街道上并肩而行，高声唱着郑智化的歌；我们在周末去小谈家熬夜，录音机里反复放着郑智化的歌；听到窗外有人用

他的歌吹一句口哨，我们立刻奔到窗前去看。郑智化是密语，是暗号，是用来相认的半块玉佩；但是，关于郑智化的资讯是那么少，简直不够我们咀嚼，直到听到他的第五张专辑，我们才真正确认他的腿脚不方便。

这之后，我们四个的命运各有不同。小魏在偏远小站当了20年扳道工和调度，2010年才调到市里。这20年，他经历了婚姻动荡，养大了儿子，变成一个中年人，始终对他工作过的荒原小站念念不忘，时不时开车回去，拍两张照片放在QQ相册里。小谈高中毕业进了技校，毕业后留在那个永远要倒闭却永远倒闭不了的国营大厂里工作了16年，买了厂里盖的房子，和同厂女工结婚，生了两个孩子，直到2010年，他终于从厂里辞职，开始帮朋友做化妆品，后来用装修8间化妆品店积累下的经验开始做装修。小杜在小站工作了16年，和从驻地认识的女孩结婚，生了一个女儿，2007年死于癌症。

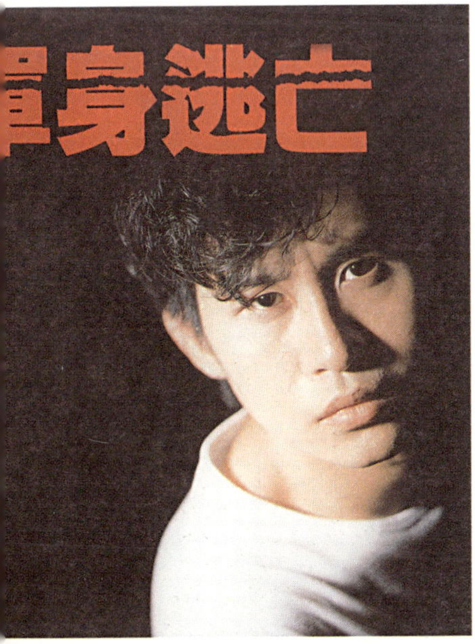

我们齐聚在小杜的葬礼上。他家的院子里有一个小小的花园，灵棚就搭在那里，我

们在那里守了 3 天。小魏和小谈一直在声讨小杜的单位，嫌他们不肯派领导来吊唁，在小杜家人的一再要求下才来了个工会主席。在他们接待来人、吵嚷和声讨的同时，我替小杜写了悼词，公式化的、板正的，方便领导宣读。他们都说，这悼词写得好。但我觉得，没把他喜欢郑智化写进去，是个错误。

但是，一个 16 岁的少年，喜欢郑智化，后来他死了，这有什么好说的呢？

二十多年里，郑智化退出、复出，有一次，他到小地方演出，因为酬劳没有谈拢，拒绝上台，被演出方架上台去。这种新闻让我心如刀绞。我刻意回避和他有关的一切消息，直到上个月看到他的访谈，郑智化说，他很有钱，4 个会计替他打理资产。

我有无数次机会可以采访他，和他一起吃饭，但我都没有去，我觉得我见到的他不是他。我也不再听他的歌，因为，那些歌都在心里。

萧芳芳：那不是梦，真的发生过

翁子光

芳芳姐，杂志约写“梦中情人”，我第一时间选了你，选了才知道错，因为担子太重，怕糟蹋了。我出生时，你红透半边天的年代已经过去，我认识你时，你是无线电视里的林亚珍，娃娃头，戴厚厚圆圆的深度近视眼镜，有着鼻敏感一样的神经质挤脸动作，一派义无反顾的搞笑范儿。那时的你，只会为我带来欢笑。直至一天，我的粤语片迷老奶奶告诉我，《天下第一剑》里穿云小燕林翠儿、当时13岁的萧芳芳已经是一副美人胚子了，我才惊为天人。落差太大了，这个“豆钉妹”竟是林亚珍？

那时起，我已经活在爱的幻想投射之中，因为六七十年代是你最红的年代，而我是70年代过了一大半才出生的人，你所有的美好，对我来说都是往回追的。老旧粤语长片（香港人称为“粤语残片”）都在深夜播放，我会一直看到英女王出现为止（香港当时电视收台后会长播一幅英女王照片），那个被我视为打断我们之间“超时空约会”的老人令童年的我相当烦躁，所以我当时觉得她比谭兰卿更丑。也因为你，我养成了晚睡的习惯。

在由童年转化成少年的时代，报纸仍容许露点照片刊登，我在每一个半月一次的理发间隙，可以偷看理发店供客人阅读的黄色书刊《藏春阁》，但对我来说，

你在后期的粤语片演出中那曼妙的舞姿，才是令我目眩神迷的好酒，醉得我好美。从《少女情》的成功开始，你便疯狂演出青春片，特别是有歌舞表演的情爱主题影片，幸亏当时的粤语片已经有了七彩依士曼技术，令我能欣赏到你身着不同连衣裙的艳丽颜色。对，那时你在戏中总是穿着修身短裙，发型时髦又熨帖，虽然你在当时跟陈宝珠的当红程度分庭抗礼，但对我来说，你的洋气，是陈宝珠没有的，你那几撮贴在额上的曲发，配上有如龙眼核子般大的美瞳，是最性感的记号。自然，在《青春儿女》中你穿着深色蕾丝透视装加上丝袜的跳舞造型，还有《青春恋歌》开场那段粉色舞台背景的芭蕾舞表演，让我对你那出于荷尔蒙的爱，早已不能自拔。

然而，我喜欢看你跳舞，但跳“阿哥哥”的你却令我心情复杂，因为你的对手是“舞王修”——我视之为情敌的胡枫。你们随歌而跳，我看得欢喜又妒忌。你和胡枫、郑少秋主演的《我爱阿哥哥》，是我心中的经典，你根本就是个舞后。多年后，我在电视筹款节目中看到你为了善款而跟郭富城跳了一支探戈，在嫉妒郭富城嫉妒得想一拳把电视机打爆之余，也发现你已经不再年轻；而我，也已经长大了，在电影圈里当着高不成低不就的小工。

这10年，我一直想告诉你，我也搞不清楚我爱电影爱到要成为一个电影人，跟童年时看的粤语片以及你有多少关系。也许只是潜移默化，从你亲力亲为参与香港新浪潮佳作《跳灰》及《撞到正》的幕后工作；到你步入中年时积极进修（年少成名的你说，只有在念书时你才不会常常提到“我”字）；到你凭《女人四十》得了柏林影后；再到你成立“护苗基金”并积极推广保护受虐儿童工作……你每一步都在由那银幕宝贝破茧为一只智能之蝶，我觉得你更加遥不可及。“梦中情人”的形容已觉轻蔑，那些故梦里曾想跟你同游雍雅山房的奇想，更显猥俗。

芳芳姐，你知道吗？其实我们是见过面的。记得十年前，有一次，我的朋友帮你的“护苗基金”当义工，忽然有一天，她跟我说约了你交接一些东西，我当然飞扑跟上。帮你提着一包沉甸甸的东西走过湾仔的摩利臣山道，那令我心如鹿撞的几分钟过去，你回头对我说：“唔该你吓哥哥仔（麻烦你啊小兄弟）。”我这个人，你一定忘了，但我深信，待我人老痴呆之后仍可肯定，那不是梦，真的发生过。

孟庭苇：终于有了明亮的下落

陈刚

斯蒂芬·茨威格的《一个陌生女人的来信》中，那个女人说，即便在多年后的深夜里，把她从最深沉的睡眠中喊醒，只要给她起个头，她也能把她爱慕的那位作家的作品背下去。有两位歌手的歌，我也能在这种情形下唱出大半，一个是郑智化，一个是孟庭苇。

还在上高二，从同学那里借了盒翻录的英语听力磁带，听力内容结束后，出来一首歌："高高的，高高的，蔚蓝的天，是不是，到了离别的秋天。"那高峻、清寒的声音，紧绷如弦的青翠劲，一下收服了刚刚听过小虎队、姜育恒、王杰的我。

那时候，"女神"这个词还没有加上现在的含义，但我分明有了自己的女神。春节前，学校画室的师兄们，写了春联去街上摆摊卖，师弟师妹们跟去帮助吆喝，一天下来，竟然收获颇丰。给钱似乎太直接，于是，师兄们买成书和磁带给我们，轮到我，我提出要一盒孟庭苇的专辑，我那份刚好够买。

我有了平生第一盒属于自己的音乐磁带：《你看，你看，月亮的脸》。几年后，我又有了《冬季到台北来看雨》、《谁的眼泪在飞》，以及她最早的两张专辑《其实我还是有些在乎》和《成长》（内地版叫《日以继夜地想你》）。

她的生平，我不用查资料也背得下来，而且绝少差错——生日，1969 年 12 月 22 日，原名叫陈秀玫，“孟庭苇”是艺名，她最早签的是上格唱片，第一首单曲是《校园里的消息传得特别快》，第二首歌是和高胜美、李翊君合唱的《六个梦》总片头曲。

那时候的孟庭苇被打扮成洋娃娃美少女，《六个梦》的 MV 里，只露面两次的她，穿着荷叶边女仆裙，结束的时候还打出剪刀手。所幸唱片公司改组，她的歌路有了变化，接过林慧萍式浪漫忧郁少女的形象之棒。后来四年是她的黄金时代，《风中有朵雨做的云》和《纯真年代》，都出自这个时期。

那四年也是我的黄金时代，我逃离了小城，进了大学，成了学校广播站播音员，可以放自己喜欢的歌。于是，我用孟庭苇和郑智化，还有后来的《音乐天堂》，对全校师生发动了恐怖袭击。

孟庭苇生得晚，没赶上台湾民歌时代，但一直对那个年月念念不忘。她的嗓子是更细致的民歌嗓子，她的形象是民歌时代女孩的形象，她也一直努力夹带私货，隔三岔五翻唱民歌时代的作品。1995 年，转签新力唱片后的第二张专辑《心言手语》里，她多了一种带点淡淡 New age 味道的曲风，声效用得更是惊艳，火车声、鸟叫声贯穿始终。《逃》那首歌中，竟用足球场的欢呼声来反衬独自行走的忧伤。

这张专辑让她转型成功，于是，她有了更多的话语权，下一张专辑，邀了李泰铭（李泰祥的弟弟，齐豫的前夫）担任制作人，虽精雕细琢，但销量大不如前。

多年后，在黄舒骏的访谈里，他说，孟庭苇曾跟他倾诉过专辑销量下跌时所感受到的心理震荡。

是因为这次震荡或接下来的低潮？还是像她所说的那样，歌手出专辑就要上娱乐节目做游戏的风潮让她难以忍受？总之，她随即宣布退出，皈依，出佛教音乐专辑。正是这一点，彻底打动了我，我对那些经常爆发“活腻了”（褒义，我用它来形容骤然的反转和醒悟）感受的人，有特别的好感。

再后来，她复出，自组公司，签下南方二重唱、方季惟和王杰。她开演唱会，她上脱口秀节目，活泼地嘲笑自己在 MV 中的动作，她和丈夫开了微博，她甚至回复过我的微博。我有点不相信这个她就是那个她，却也有点欣喜，她终于有了下落，而且是明亮的下落。

“把思念寄托远方，愿你无恙，谁会记得我们一起分享青春的天堂。”这是她自己写的歌词，似乎也正适合十几年后送还给她。青春其实贫瘠，幸亏有她，用歌为我们布置起一个有白衣、落日、芒草、木棉道的临时天堂。

黎姿：世上已无女神

李超

2009年，比我大15岁的黎姿和比她大15岁的富豪马廷强结婚，老妈特意打电话叫我不要伤心，久未联络的高中同桌也发来短信，让我不要失落，他们难道不知道，我早就过了情窦初开的年纪？

喜欢黎姿是因为《倚天屠龙记》里的赵敏，那年我17岁，高三，只能在晚饭时蹭两眼电视。好像是一个周五的晚上，赵敏为了张无忌身负重伤，背叛亲人，即便一度被抛弃，还是爱得死去活来。对于一个只会欣赏女孩长相和胸部的小朋友来说，这是一种新鲜的触动——原来女孩还有这方面的吸引力。于是，在紧张的高三，我偷偷摸摸看完了整部电视剧，黎姿成了我的女神。

高考结束，和死党第一次进网吧，我问他，百度是不是什么都能找到？接着，黎姿成了我在搜索引擎上敲进的第一个词。我那时才知道，她出身电影世家，祖父是香港电影之父黎民伟，姑姑是名演员黎萱，父亲从小因脑膜炎失聪，在家族中不受重视。为了300块生活费，她15岁出道，做临时演员，17岁时爱上比自己大20岁的漫画家黄玉郎，坚持多年后伤心分手。

用了一个夏天，我看完了她所有的电影和电视剧——哪怕只有几个镜头，导致视力直线下降。《郑板桥》里的黎姿单纯清秀，却嫁给了一个不爱的男人；《黑

夜彩虹》里的黎姿坚强独立，内心却柔弱得让人伤心；《火舞黄沙》里的黎姿聪明倔强，为了喜欢的人甘愿忍受。我还注册了一个叫“绚丽多姿”的论坛，化装成小学生，每晚和一群90后姿迷大谈特谈，那段时间我老想，自己的女朋友也应该是这个样子。

后黎姿时代是从与第一个女朋友交往开始的。我把在女神身上的所有向往都复制在她身上，和众多爱情一样，甜蜜，疲倦，争执，分手。世上真的没有女神，自己居然被金庸小说里的一个人物给骗了。

为了证明他们发来慰问这件事有多可笑，我立马打开电脑，点开黎姿的结婚照。出乎意料地，仿佛10年前的那个晚上，我居然又被打动了——穿上婚纱的她依偎在她的男人身旁，笑得那么甜蜜。

黎姿退出演艺圈，同比自己大15岁的瘸腿富豪结婚，很多人说，她为了钱嫁人，我却觉得，她终于找到了肯为自己担当的人，真心替她高兴。在2005年的一段访谈视频里，黎姿说，自己已经三十多岁，但生命中还没有遇见过一个真正爱自己的男人，经历这么多后，只希望找到一个有担当的男孩子。她说着说着哭了，我听着听着也哭了。

我重新认识了曾经的女神，她教会了我这个世界有多么不完美，但依然需要坚强和执着。女神40岁了，从幻想走进了现实，我不再那么迫切地想找到她，只希望她能找到自己想要的。

李勇勇：那些不知下落的惊艳

Nath

二三十年前流行侦破片，多半讲公安破案，案子通常与走私、盗卖文物有关。1985年有一部侦破片，说的是高干子弟盗卖古画，电影名叫《本案没有结束》。

电影开始，一个年轻女孩站在瀑布边的悬崖上，仰天撒出一把钱，又满脸忧伤地展开一幅画，从左看到右，然后抱着那张画跳下悬崖。就像所有80年代的惊险悬疑电影一样，伴随着紧张的音乐，黑体字的片名被推出来。

这个场景的重点不在于它的刺激性，而在于那个女孩惊人的美貌。她的脸型不算完美，瓜子脸，但微微带点方，眼睛是所谓丹凤眼，头发是那个年代流行的爆炸头，这一切凑到一起，有种说不出的和谐。她的背后有光，可能是日出，也可能是日落，总之，那道光将她的轮廓打得毛毛的。她就在那一圈光晕里，表现忧伤、绝望、愤怒。应该说，她的表演很戏曲化，是冤死的李慧娘的表情，而非80年代女青年的表情。但这都不要紧，她的美貌化解了一切，让我在这部片子剩余（尽管电影才开始）的部分里，只管搜寻她的前生前世，也牢牢记住了她的名字：李勇勇。

她的确是戏曲演员出身，是80年代知名度极高的浙江越剧院小百花剧团的演员。演《本案没有结束》前，她只演过两部电影，之后的露面频率也并不高，

最知名的角色是电影版《红楼梦》里的晴雯，和张纪中版《天龙八部》里的阮星竹。当然，被我记住的，还有一部1988年的cult片《恐怖夜》。电影的故事来自高罗佩的《大唐狄仁杰断案传奇》，她演一对孪生姐妹，被杀害，被凌辱。她其余的角色也多半如此，以至于想起她就想起黑夜里的百合花、逃亡路上的茱斯蒂娜，她是永远的受害者，负责给狂暴的故事添上一点凄艳色彩，让杀戮、暴力，显得美而虐。

和我一样，被她那种凄艳的美和近乎吝啬的露面给俘虏的，还大有人在。不论豆瓣还是百度，搜索她演过的电影电视，凡是没有海报的，一律都用她的头像或剧照当海报，有专属海报的，大部分剧照里都有她。一瞬间，我就和那些上传图片的人，有了心照不宣之感。

如果我可以建立一个相册，收集所有在影像里惊鸿一瞥然后不知去向的美女，“李勇勇”也可以当封面或海报，作为一个象征，用来说明我们不知下落的惊艳。

90 年代初，香港卫视中文台播出的 MV 里的那些女孩，她们有的有名，例如林叶亭；多数无名。90 年代中，广东俏佳人公司制作的卡拉 OK 伴奏碟中的那些女孩，一律美得惊人，穿着泳装或者花裙子，笑容满面地在海滩上游荡，不论那歌是《你那里下雪了吗》还是《潮湿的心》。

我有个朋友，说起那些在人群里乍一露面就再无消息的梦中人，就会情绪激动。某年某月，9 路车上的一个女孩；某次出差，擦肩而过的车上，一个从车窗里向外张望的女孩。他这样形容他的感受：“只要每次想到，不知道她们和谁在一起，在做什么，一下就喘不过气来，整个人像浮在宇宙里一样。”

其实就是那种美，让我们具体而微地体会到宇宙之美，之壮阔与恐怖，每一次和那种美擦肩，都是一次生别离。

王朔也这么想吧，在《一半是火焰，一半是海水》的结尾，他写道：“我一路乘船、火车回家，穿过了广袤的国土。看到了稻田、鱼塘、水渠、绿树掩映下粉墙绰约村镇组成的田园风光；看到了一个接一个嘈杂拥挤、浓烟滚滚的工业城市；看到了连绵起伏的著名山脉，蜿蜒数千公里的壮丽大川；看到了成千上万、随处可遇的开朗的女孩子。”

世界之美，完全有赖于那种美；世界之壮阔，必须落脚于那种美。

刘晓庆：妩媚地蹲下，然后站起来

韩松落

当我准备谈论刘晓庆的时候，才发现，最有资格谈论她的，是我母亲。尽管80年代“刘晓庆”无处不在，但母亲却真正把她带进了我们家，带进了我们的生活。

1982年，我家在和田地区策勒县农机公司的大院，妈妈是县革委会秘书，爸爸是农机公司工人。生活非常简单，上班下班，上学放学，住房由单位分配，蔬菜由单位供给，民族地区优惠政策也辐射到我们，许多物资都是优先供应的，布料、电器，就连邮票也会提前在新疆发行。在偏远的南疆，我们可以看到《北京青年报》、《文汇报》、《新民晚报》，最新的电影（包括内部电影），以及无处不在的刘晓庆。

《小花》、《瞧这一家子》、《神秘的大佛》、《潜网》、《许茂和他的女儿们》、《心灵深处》、《垂帘听政》、《火烧圆明园》、《北国红豆》、《芙蓉镇》……还有1988年解禁的《原野》，她在里面扮演花金子。80年代最著名的那些电影，她都有份。《大众电影》总会出现她的照片，报纸上刊登她的言论、逸事、绯闻。80年代的电影盛世，和刚刚兴起的娱乐消费潮，她是绝对的主角。

电视时代开始，她又顺理成章地进入电视。先是春晚，后是电视上出现的一

种摇奖晚会，一边公开摇奖，一边表演节目。一等奖通常是大彩电，非常刺激。刘晓庆常常出现在这些晚会里，唱一段《刘海砍樵》。有次在隔壁邻居家里看电视，又是摇奖晚会，她出来了，模仿港台明星的打扮，穿一身中式的花褂子，头上插着许多绢花，唱了一首《家乡》。唱着唱着，她非常妩媚地蹲了下去，用手绢朝天比一比，站起来又唱，那是内地明星身上完全没有的一种风格。

后来，《我的路》开始在《文汇报》连载，我7岁，不爱看，但还是每天追看。有个细节现在还记得，她写到一个男人，帮她把自行车抬到楼道里，两个人默默无语。也是那段时间，报纸开始批评刘晓庆，因为她的高调张扬，她的自我奋斗论，以及她的离婚——当年，离婚是件大事，我们整个策勒第二小学，也只有一个同学的父母是离婚的，他放学要晚走半个小时，为避开我们。但是，有天我发现，妈妈在剪报收藏《我的路》。

在实现自我这件事上，母亲是夹心阶层，她的父亲——我的姥爷，比她有魄力也更有机遇。他在30年代卖掉家里的地投奔革命，他也很有生意头脑，为给组织筹措经费，开过煤场和纺织作坊，都很成功。80年代风气一开，他就鼓励妈妈和几个舅舅“赶快做生意”，但舅舅们已经被造就成单位人，战战兢兢，从那时到后来，一直没脱离“单位”的荫庇。妈妈稍微活络些，一直酝酿做点买卖，90年代中，她生病退养，曾经筹划开一家电器商店，货源都联系好了，启动资金难住了她——三万块，当时一套房子不过一万多块。

1982年，剪报收藏《我的路》时，母亲也有爱慕者，那位男士是武装部部长，来自河南——这直接引发了我对河南人的良好印象，并且持续多年。部长每到周末就到我们家来做客，我们家的人要去和田，他就负责联系军车。他喜爱摄影，郊游的时候，负责给我们全家人拍照。但30年后，当我翻检旧照片，却发现没有他的照片，一张也没有。在当时，他可能已经决定，要把自己从这家人的记忆里除掉。

而在我母亲的对面，有一个刘晓庆，她做了母亲本来能够做却永远没能做成的一切事。她一生低眉，她却那么风生水起；她经历了衰老和死亡，她却永远明艳地站在远处，不老，甚至逆生长，像一个幻觉。就连母亲的生意人之梦，她也那么彪悍地实现了。但母亲没看到刘晓庆2002年遭遇的牢狱之灾，她在1999年就去世了。

我把母亲对她的观望、好奇延续了下去。后来，我知道了好多事，比如因为连载《我的路》，《文汇报》的总编马达先生还曾和高层领导对谈，讨论刘晓庆的“个人奋斗”是否值得宣扬，我还知道了李翰祥和刘晓庆的合作，知道了《家乡》是汪明荃的歌，知道了刘晓庆曾经作为内地演员的代表和林青霞对话，知道了亦舒对她的讥讽，看到了海外华人写下的刘晓庆出访印象，也知道了她和《阳光灿烂的日子》的关系。那些与她有关的书——《我和刘晓庆不得不说的故事》、《我们为刘晓庆辩护》、《刘晓庆422天的痕迹》，我也都找来读过了。

刘晓庆不知道这些。她只是在远处，永远明艳、永远自信到近乎跋扈，在作为下一代人的我已经开始走向身心溃败时，她却益发蓬勃。我甚至疑心，当我发现自己的渴望只能成为一个秘密的时候，她依然伫立，在时间深处，在一张飘向宇宙的剪报上，嘤嘤地唱着什么，妩媚地蹲下，然后站起来。

朱琳："女儿国国王"的戏梦人生

海阳

1990 年的夏天是如此平凡，平凡得一如从未发生。一个下午，满身泥巴的我放学后在山上追了半天松鼠刚进院儿，隔壁家的老小突然在篱笆那头探头招呼我："喂，快来看，电视里演孙猴子呢。"那时节在这个东北小村，电视还是稀罕物，我们半个村儿只有赵大婶家才有一台 14 寸的"金星"。兴冲冲跑过去，看见的第一个画面，就是她头戴珠翠，身着绣袍，眼圈儿微红唤着"御弟哥哥"，黑白画面看不清她脸上的颜色，但是那含泪的双眼却清清楚楚。那声"御弟哥哥"，让一个男孩第一次荷尔蒙分泌过剩，而那个不解风情的唐玄奘，正纠结地想上马逃走。

那年我 8 岁，突然明白了什么叫漂亮。以前小说里常看到这样的描写：柳叶眉银杏眼，看到她的一瞬间，才觉得原来这形容也是有事实依据的。那会儿我死活想不明白，人家女儿国国王早就给唐僧团队制定好了人生规划——让那三个神通广大的徒弟去西天出差。仨徒弟也很懂事，答应让师父休个婚假，可这和尚不知吃错了什么药，非要亲自去取那破经。当时我气得特想跑到电视里去跟她说："国王姐姐，和尚不要你，我要！"

日子一天天过去，《西游记》已经不知占据了多少寒暑假电视台的播出时间。

我知道了她叫朱琳，是个和我母亲一个年纪的演员。然而那个时候，港台剧大行其道，除《西游记》之外，我竟再未看过她的作品，这份懵懂的情愫也随着年龄渐长逐渐褪色变淡。直到2001年夏末，即将赴哈尔滨上学的我，在人民广场西边东北亚音乐台门口，与陪伴了两年的女友告别——在此之前，我拒绝了她父亲为我安排当公务员的建议，尽管如果接受，我会过得很悠闲很自在。我心里总觉得，那一定不是我的路、我的命。那天我们约定毕业后结婚，转身离去时，她在我身后泣不成声，那一刻不知怎么，我突然想起女儿国国王盖上玉玺与唐僧告别的一幕，理解了那个不解风情的和尚：不是你不好，不是我不想，非不愿，实不能。每个人都有自己的责任和使命，如果逃避，我将不是我。这以后很长时间要是看到哪个台播《西游记》，我都会立即转台，怕不小心看见女儿国国王，看见记忆中梨花带雨的那张脸。

多年后，我坐在从哈尔滨回长春的火车硬座上，捧着一本杂志打发无聊的旅途时光。那时我和她早已在两个世界，我在纠结是成为一名优秀的园林设计师，还是不务正业地做一个前途未卜的电台主持，而她则已嫁作人妇。翻开杂志，一篇文章不期而至，讲的是西游记剧组 20 年后在《艺术人生》重逢的故事。那个久违的美丽名字后面紧跟着一句独白："自女儿国一别二十一载，御弟哥哥别来无恙？"重锤击胸，无法呼吸，瞬时有如两个影子重叠眼前，一下子将我带回到过去——那个曾对一个女孩说"等着我回来娶你"的二货青年，那个尚未认识自己和生活真相的年代。突然间，不可遏制地想打电话给她。电话响起，却又立即挂断，真的接通了，还能说些什么？人潮汹涌，街灯依旧，回首从前，别来无恙？

文章后面写道，节目播出后，那个令人遗憾的爱情故事令许多人唏嘘不已，后来有好事者辟谣称朱琳已婚，并未独身 20 余载等待徐少华云云。其实，这些都不重要。我相信，重逢的那一刻，朱琳必是回到了当年的女儿国，眼前的徐少华就是她梦中的御弟哥哥，那句话一定是发自真心，脱口而出。我嫉妒朱琳，她能有说出这句话的机会。更多的时候，你我会踟蹰犹豫，因为我们并不知此刻是在戏里的人生，还是人生的戏里。

邢质斌：意识形态的性感

黄妃红

我所供职的杂志不过八九年的历史，有那么七八年，我都在锲而不舍地报一个选题——“中国性感 50 强”，这个选题曾先后得到杂志第一代、第二代、第三代员工的热烈响应，他们提出的候选名单包括刘晓庆、巩俐、章子怡、范冰冰乃至李宇春、干露露等老中青从庙堂到江湖从高贵到低俗的各式性感。某个具体的候选人引发争议是很正常的，比如有人说“某某某的三围不够突出”，而另一人则将之理解为中性的性感，不过，从未有一个人选像邢质斌引发的争议那么大。

作为提名人，我认真梳理了一下对邢老师的亲切与好感，很显然，那里面有作为一个 70 后成长的童年记忆——她不分严寒酷暑准时在晚 7 点与我们见面，在新闻联播这个美丽温暖的国度里（苦难都在别处）。当然，好感与性感完全是两码事，后者其来有自，那就是她在新闻联播里的正襟危坐，喜怒不形于色，压迫性而又不动声色地把党和国家的喜怒哀乐转化成全国各族人民的喜怒哀乐。于我而言，这种魅力几近一种制服诱惑的模式，只不过，邢老师的制服并非真正的制服，而是一种意识形态的制服。我的颁奖语都写好了：“曾经有一份性感摆在我们面前，全党、全军和全国各族人民都没有珍惜，当全国人民都庸俗地将性感理解为前凸后翘肤白貌美时，我只能哀叹这个国家审美趣味的堕落，他们以为性

感只是来自两腿之间而不可能来自两耳之间；如果真要给邢质斌的性感加个定语，这个词会是、也必定只是——‘意识形态’。”

这份意识形态的性感具体到邢大姐身上，还要加上一个定语：冷艳。邢大姐给人的感觉是不怒自威，其实她更牛之处在于不笑自乐。众所周知，在新闻联播这样欢乐祥和的人间仙境之中，要想让人不乐开花那是相当地难，于是，我们看到了不少新闻联播的主播都爱笑。观众往往未闻其音先睹其笑，一位叫海霞的播音员就是这样长年笑播的。新闻联播播音员爱笑，终于有一次（其实已有多次），笑容带来了麻烦——女播音员李梓萌在播报一则空难消息时，始终面带笑容。

真正的问题可能就在这里，新闻联播的播音员们从晚上7点钟进直播室再到7点半出来，除了少数国际报道外，嘴巴可能就乐得合不上了，因为他们说的消息基本上是全国各地“形势一派大好，不是小好”，平时播惯了喜讯捷报，碰到播报灾难新闻时，这嘴巴还是条件反射式地往上翘。

可见，邢大姐脸上的不怒自威、不笑自乐是何等一种境界。

“私下里，她的话还是多的。聊起社会上的八卦新闻，一说就是一个多小时，眉飞色舞。”“平常不爱和领导多接近，但为人心直口快，开会时小青年们自觉资历浅不吭声，就她敢发表意见。”“不喜欢多管事，只想做好本职工作，然后回家照顾生病的母亲。如果在小事上对组员有不满，顶多背后嘀咕两句。但在大事原则上，头脑很清楚。”

大约六年前，我们的记者报道了这位中国人最熟悉的陌生人，许多人第一次了解到，那张模式化的国脸背后，也有着与普通人一样的喜怒哀乐，邢大姐的形象立即生动起来。

然而，对我而言，巨大的情感冲击发生在邢质斌2009年退休之后，她接拍了一些广告。

我们习惯了字正腔圆、义正辞严、皇家气象的邢质斌播报党和国家领导人春节期间与民联欢，再听她以字正腔圆、义正辞严、皇家气象播报山东某食品公司老总与企业员工联欢；在录制某肛肠医院的节目中以宣读戒严令式的口吻告诫观众——“一直以来，消化道的排泄物都被视为日常生活里避之不及的污秽之物，而事实上，它却是健康的晴雨表，其颜色、气味、形状等都隐含着大量无比珍贵的信息，而这所有的信息中，最危险的，当首推便血……”你难免会觉得有些穿越，有些不适，有些恶搞，有些要变天的感觉。

我的心情很复杂，一方面邢老师以一种极残忍的方式解构了新闻联播，也极残忍地解构了她的端庄大气，义正辞严；另一方面，我也为她的解脱感到高兴。是的，她也是人，她也有爱，有七情六欲，包括对金钱的爱，你不能因为她多年活在新闻联播中，就剥夺她在新闻联播外的生活，一如抹平这个国家在新闻联播外的形象一样。

是的，从一开始，我就错误地以为，她永远生活在新闻联播里。而实则，她只是在晚上 7 点到 7 点半之间活在那个没有饥荒、没有战乱、没有不公的美丽新世界。

“旧时王谢堂前燕，飞入寻常百姓家”，造成这个伟大变化的，不是气候变迁，不是权力意志，而是市场的力量。

我宁愿相信邢老师还是性感的，她或许少了意识形态的性感，但多了脚踏大地的性感。

最后说明一下，“中国性感 50 强”专题，在我新闻职业生涯快要结束时，因为种种原因，仍然没有操作成功。

王心刚：我和我母亲的偶像

洁尘

我很少看电视，偶尔会在睡前胡乱瞄一眼催眠用，一般情况下摁着遥控器把几十个台走两圈就关了，但如果碰到一些老电影，可能就会看下去，如果是他出演的老电影，肯定就会认真地看下去。

我看他的电影最早最多的是《南海长城》，也是在电视上看的。那时我8岁，寄居在南京亲戚家上小学，里弄尽头有一台好像是公用的黑白电视，每天晚上我都去看一阵子。那个时候，电视里演了很多遍《南海长城》，是他主演的。

再后来，陆续又看过很多他的电影。他基本上都是男一号，偶尔客串一两个角色，这种角色一般来说还是反面角色。他主演的片子我基本上都看过，不是按照创作年表顺序看的，而是碰着看的，或者电视上，或者电影院里。有时候，前几天才看到他是面孔紧致英挺的青年海军（《海鹰》），后几天就看到他成为中年浮肿的落魄文人（《伤逝》）。曾为他用白手套揩拭炮筒油垢的那份潇洒倾倒（《侦察兵》），也曾为他穿着花衬衣的轻浮模样生气（《永不消逝的电波》）……

在我看来，他的代表作是这样两部电影：《红色娘子军》和《野火春风斗古城》。谈不上多喜欢，我只是愿意一次又一次去看望他——看他笑或者不笑，看他或军装或长袍或白西装，看他眉宇间那没人可以复制的英气，看他的傲岸硬

朗，看他在洪常青和杨晓冬这两个角色里慨然赴死，然后自己像一个扒着门缝偷看了什么神圣秘密的小姑娘一样，沉默地走开，很含羞，也很兴奋，同时还有一种深深的怅惘和不可名状的忧伤。对于我来说，他就凝固在这两部电影里，其他角色都不是他本身了。

他是英雄。自打女童时代起，我就知道，这就是英雄，完美的英雄。完美的英雄就是他这样的，英俊得非常严肃非常端庄，不能接近，不能玩味，不能入梦，不能遐想，只能沉到沉默的最底处，然后铭刻在心。

如果说我们这一代女人曾经和母亲们有共同的偶像，那就是他。他也是我母亲的偶像，但我从来没有和母亲谈论过他。对他，其实我真不知道说什么好。曾经，我也跟好多女孩儿一样，不愿意跟任何人谈论他。他是少女情怀中非常私密的一笔。对于我们那一代人来说，他是父辈，也是天神一样的人物。

很多年前，我还在当文化记者，我们报纸要搞一个文化周末版。当时领导说，你那么喜欢电影，要不就搞一个栏目，采访一些老明星的近况？我第一个想到的就是他。也想不起是怎么辗转找到他家电话的。拨电话前，我的手有点抖，只巴望着他不在家。结果他在。他说：“喂？”

那声“喂”让我的心脏停止了跳动。然后我就结巴了，不知道该叫他什么，叫老师太平常，叫伯伯太冒失，叫先生太生分。我记不得是怎么称呼他的，可能还是叫的老师吧。我努力镇定下来，告诉他我的身份和采访意图。他说，“没什么好说的啊。算了吧。”然后就挂了电话。

他很冷淡。但我一点没失望。这很符合我心目中他高傲的形象。我觉得这就是他。

他是高傲的。这些年来，跟他同辈的好些明星时不时会在某些庆典上拿着一个文件夹深情并茂一人一句地表演诗朗诵，但这些人里没有他。这些年来，公众场合基本上见不到他。他真是隐退了，隐退得那么彻底。真正的偶像就是这样，在黄昏时分，那个完美的身形渐行渐远，直至消失。对此，我很自豪。当他的fans，真是自豪。

今年他83岁了。据说现在就在家乡大连过着一个普通老头儿的生活，有老伴儿陪伴着，儿孙满堂，颐养天年。真好啊！

还是很多余地写出他的名字吧——王心刚。

笠智众：他是观音，他是罗马

毛尖

在《寻找小津》中，文德斯说：若是让我选择，我宁愿睡地板，在上面过一世，每天喝得醉醺醺，住进小津电影的家中，也好过给亨利·方达当一天儿子。

40岁后，文德斯的愿望也成了我的愿望：住进小津电影的家中，或者更具体点，住到笠智众家。

笠智众，小津绝大多数电影中的男主角，从25岁演到88岁，从青年演到老年，但在银幕上，他没有一次挑动过观众的情欲或欲望。世界电影史里，找不到如此纯洁的男演员，他不是禁欲，也不是自恋，他每天回家，说一声“我回来了”，然后坐下吃饭，笑眯眯地享受他的晚餐，跟他说点什么，他也就回应几个字，“这样啊”“嗯”“是吗”。他的表情，看夕阳和看朝阳时一样，儿女不孝和孝顺时也一样，他好像是声色不动地生活着。儿子跟他说，妈活不过今晚了，他说“这样啊”；朋友跟他说，该给女儿找婆家了，他说“哦，是啊”。他似乎是生活的原教旨主义者，在电影里的基本动作就是吃饭喝酒睡觉。他的日常生活从来不受任何事件影响，老婆的葬礼过后，我们看见他又在吃饭喝酒了。搁任何一部好莱坞电影，这样的男人不是冷血无情，就是别有隐情。但是，为什么每次

笠智众一出场，我们就由衷地感到温暖可靠呢？

看过一万部电影、活了半辈子以后，寡言的笠智众从千人万人中浮现出来，没错，就是他。这个男人，不像好莱坞男人那么有范儿——没有亨利·方达正邪皆酷的戏路，没有汉弗莱·鲍嘉莫测高深的微笑，没有加里·格兰特雌雄难辨的魅力，都没有。他没有一点明星该有的眼神、手势或腔调，甚至连同期日本明星身上普遍的武士气或浪人气，他都没有沾上一点点。说得绝对点，笠智众是一个不散发男性魅力的演员，初次遇到笠智众的年轻人不会把他放心上，我自己也是这样。

是 90 年代初吧，海外朋友带来几盘小津的录像带，当时我们哪里听说过小津啊，所以，大家怀着看大岛渚的心情找了个录像机，多少有些神秘有些鬼祟地召集了一帮文艺青年准备 high 一下，放映前，还有人兴奋地鬼叫“要出大事啊”。实事求是地说，我们所有人都把《晚春》期待成《感官王国》了，再说，这电影片名中还带个“春”字。当小津的演职员表缓慢地在纯白的布景上走啊走，我们不是安静下来，而是有点烦躁，“搞什么搞啊！”

第一次跟小津和笠智众相遇的经验因此有些奇特，虽然那天不少人其实都被《晚春》震动了一下，但当时大家都在噼里啪啦地忙着引爆自己、引爆生活，笠智众很快也就被我们甩在脑后。等到自己把青春残酷物语经历过一遍，重新在小津电影中看到笠智众的时候，才发觉，他就是我找了半辈子的男人。

沧海桑田，笠智众不变，容貌不变，坐姿也不变。现代社会就像大岛渚的镜头一样令人坐卧不安，但笠智众出场，稳稳地把前现代的气场带入银幕，时针、脚步、呼吸，一切，重新找回节奏。而对于我们这种曾经把梦想寄放在周润发梁朝伟身上的前文艺青年，笠智众以生活的名义收编了我们。生活千手万手，他是观音；道路千条万条，他是罗马。他让我们觉得，爱的最终魔法，是摒弃所有的手法和表演。

这是小津电影的真谛，我也把它看成最高形式的爱。

因扎吉：慌张过后的从容

灵珊

这么多年了，每次想起因扎吉，总觉得慌张。

总觉得是夏天，太阳热辣辣的；总觉得是在圣西罗，人群中爆发出热切又深沉的吼声，像坦克碾过；总觉得他穿着红黑色的9号球衣，球衣像口袋似的在身上飘荡，鼓起一阵风；总觉得他在不断地奔跑，向着球门的方向跑，背影决绝，所经过的一切都迅速褪色消亡，变得模糊，只有他的身影越来越清晰，而他仍然在跑，用尽全身力气、不留一丝余地地跑。

好多年，因扎吉在我心里，一直都如此焦急又迫切。和时间赛跑，和伤病赛跑，和不喜欢自己的教练赛跑，和敌人赛跑，和一茬又一茬比自己青葱强力又健壮的后辈赛跑。不管落后了多少，好像只要一直跑下去，总能略微抢占一些先机，总能最终又威风凛凛地站在角球杆旁，双臂大张，骄傲地狂吼，宣扬自己刚刚的进球。

而作为粉丝的我，难免会生发出一种错觉，在某一时刻，当所有人都已不抱希望时，他总会斜刺里杀将出来，像武侠小说里当仁不让的主角，力挽狂澜于万一。

哪怕于下一时刻，他又再次为命运所抛弃，我也可以安之若素地旁观，等待

属于他的下一次奇迹，反正他总会给我们下一次。

所以，2012 年夏天，他退役时，当我终于知道，也许不会再有下一次时，一切都变得不真实起来。

他实在并不是运气特别好的人，能稳定地踢意甲时，已经 24 岁，梅西这么大时已经拿过金球奖了。和尤文图斯最后的决裂如此不愉快，以至于临走时他恨恨地甩下一句："我，菲利普·因扎吉，也是有恨的。"在酒店里孤独等待米

bwin
adidas

兰与尤文的谈判结果，外面是沸反盈天的讨伐声，那时米兰球迷大多也不欢迎他。就算在中国也是一样，球迷论坛里有人说，“干嘛要买一个又老技术又差的前锋”，而且，买过来，就受伤了。

而后的10年变成了一个简明扼要的循环图：受伤—复出一两场—继续受伤—复出，踢一段时间，非常牛逼—受伤—复出一两场—继续受伤……

2004年，因为受伤，他错过了欧洲杯。我从那时起就做好了他要退役或者离开米兰的准备。那年他31岁了，离开顶级球队并不是不可接受的事。我甚至还偶尔在文章里惆怅地自黑两句：“若干年后，从皮亚琴察退役的菲利普·因扎吉对自己的儿子说，爸爸是个在世界杯上没进过球的前锋。”

谁知道，他直到2012年才退役。2006年世界杯回光返照，不但进了球还捧起了大力神杯，2007年的冠军杯决赛还进了俩，剩下这5年也没闲着，总能时不时创造点惊喜。

他的退役真是一场盛大的告别，美好、梦幻又戏剧化。看台上竖起了巨幅球衣，人们点起了烟火，为他声嘶力竭地助威。这是他在米兰的最后一场比赛，是第300场，他还进了球。让人想跺脚大喊：“不要这么文艺电影啊！假到令人发指！”

果不其然，随后的两年里，他做了米兰青年队教练，带着他的小玫瑰们，继续为他所钟爱的事业搏斗。我常常看到他得胜的新闻，他还是那样英俊，穿着笔挺得不像话的西装，为了一分一秒一次助攻一个进球而和裁判争得脸红脖子粗。我就在心里暗笑：还是那个输不起的因扎吉啊。

没有关注过他这些年的人，大概不会懂得他对于爱他的人的意义。我爱过一些人，心疼过一些人，为一些人花过钱，也为一些人流过泪。但细细想来，在所有这些人中，只有菲利普·因扎吉，让我敬仰他的人格，并希望成为他这样的人。

他只是一个普通人，没有三头六臂，也不是天潢贵胄。他得从底层打拼，磨砺技艺以获得最初的信任与机会，再仰仗努力与耐心，不断同困厄斗争。他因为爱与真诚，闪闪发光。他让我知道，对你真正热爱的那件事要怀有初心。即使被命运扼住了喉咙，但为了你所钟爱的，一样要奋力挣扎直到不能。

他是一名前锋，他追逐的事是进球。最终，他获得了应有的奖赏。这奖赏不是凡俗世间的认可，而是命运给予的馈赠，是无愧我心，是慌张过后的从容。

在我眼里，菲利普·因扎吉先生，是个英雄。

普京：但愿你活得快乐

何袜皮

1997至2000年的三年我寄宿在一个小镇的高中，每周只有一天允许走出校门。校门外其实也没什么好玩的，只有冷清的河、民居和农田。自从高二文理分班后，为了对付高考政治卷中的时政题，我们每天傍晚必须集中在教室里看半小时的新闻联播。这晚间半小时以及每天早上5点起床，跑步，做早操，7点吃早饭，10点熄灯，和这三年中的每分每秒一样，悉数献给了一种虚妄的许诺，名为前途。

在一个看《红楼梦》被斥为看黄书、图书馆常年被锁、课外活动统统被禁的环境中，新闻联播开始变得有趣。而普京——这位刚好在那几年的俄罗斯政坛冉冉上升的新星——由于极高的出镜率和良好的屏幕造型，成了梦中情人的不二人选。我后来分析，我与普京的这段电视情缘小半要怪中国舆论一向高明的银幕塑造，大半要归结于我有意识地为自己焦虑空虚的内心寻找一点儿寄托。总之，我成功地为人生中最枯燥的阶段凭空制造了浓情蜜意。普京之于我，和34D罩杯女神之于宅男们，是差不多的意思。

那时的电视机吊在天花板上，每晚由某个坐后排的高个男生负责开关。大约因为我太过专心地与普京空中约会，这男生抛来的媚眼，我一个也没接到。那个年代，凡是与“前途”相悖的都是坏事，譬如早恋。我精神过度紧张，无暇风花雪月，偶尔在去食堂的路上收到“我想和你做朋友”之类的小纸条也立刻揉了扔掉。有天晚上，“电视男生”在熄灯后用公用电话打到我们寝室，神经兮兮地问我是不是也会经常看他几眼。不知何故，这电话把我惹火了，把他大骂一通尚不解恨。

千禧年之夜，我在P镇等打牌的父母。他们迟迟不能收局，便塞钱给我，叫我自己打车回S镇的老家看书，准备几个月后的高考。出租车上的广播里，两个嘉宾正在讨论叶利钦和普京的交接对中俄关系意味着什么，经过S镇中心广场时，几百人欢呼，烟花绽放，我和阴郁的外地司机孤独地从人群边驶过。这是1999年的最后一天，普京出任俄罗斯代总统，据说宣告了俄罗斯政治从中庸走向强势。

1999年美国人炸了中国驻南斯拉夫大使馆，对美帝的仇视成了正确的情绪，就像一道有标准答案的高考题。这时候敢于和美国叫板的普京同志显得那么励志。他在屏幕上最帅的时候，是他谴责美帝霸权和坚决打击车臣武装分子的时候。地球上的“恶”势力反衬了一个正义光辉的形象，一场好莱坞式的正邪之战拉开帷幕。

尽管我们都知道普京从列宁格勒大学法律系毕业，经济学副博士，在苏联克格勃工作，但人们的安全感不是来自他的智商，而是他那身肌肉。有了这么表情丰富的肌肉，他当然不再需要政客的招牌式露齿笑，无需眼泪，也无需慷慨激昂。他只需偶然流出几张脱光戏水或露点骑马的照片，为人们提供安慰剂。20世纪末，乱糟糟的俄罗斯需要一个肌肉发达的猛男总统，我们也需要普京。

来年春天，普京正式成为总统。因为高考试卷已出好，我们不必再关注新的政治动向，晚间电视节目终于取消。高考结束，恢复了人身自由，我终于可以在24寸彩电和晚间半小时外寻找普京。我相信他是注定要成为大英雄的，换个朝代，也许就是恺撒、拿破仑，唯一不足的是他居然没有和历史伟人一样旺盛的性欲。我希望他有性感热辣的俄罗斯女郎为三妻四妾，让我们这些散落在世界各个角落的女粉丝们嫉妒到心痛，可他却偏偏一如既往地守着他的妻子——那位曾经的空姐和西班牙语学生，如今的标准版俄罗斯大妈。普京的痴心，显然比花心更让人心碎。

四年后，我大学毕业成为记者的那一年，普京以71%的绝对多数票连任总统。普京时代一片繁荣，只是杂音渐起。有人开始反对他的铁腕政治，抨击他的新闻审查制度对新闻自由的打压。我开始有一点儿警惕，现实世界没有恶魔和英雄的二分法。人们喜欢把一个人推向神坛，再质疑他，打倒他，同时把打倒在地的再捧起来。

早已过了有梦中情人年纪的我，有天吃惊地在新闻里读到，普京已和妻子离婚，将迎娶前奥运艺术体操金牌得主卡巴耶娃。尽管双方否认，但第二年，这位有“体操美狐”之称的女运动员、如今的国会议员秘密产子，并对孩子父亲的身份讳莫如深。而镜头一转，是普京和妻子穿着黯淡的棕黄色衣服，坐在略微寒碜的家中接受人口普查。一对平常的中年夫妇，激情已泯，仿似一对最默契的伙伴。你若问我信不信卡巴耶娃那点儿事，我只能说，但愿这是真的。作为一个真心的仰慕者，我更关心普京此生是否快乐，远胜过关心俄罗斯GDP和他的道德牌坊能流传几世。

叶利钦的女儿在普京和叶利钦交接10周年时的一篇博客，让我意识到距离那个孤独的千禧年之夜已10年之遥。她说，普京冷静、克制、人品好，因此赢得叶利钦的信任。最初，普京显得十分胆怯，请叶不要辞职，因为他需要时间积累经验。“但是爸爸告诉他已经做出了这个决定。我看得出普京为此做了一番挣扎，他意识到整个国家的重任都落到了自己的肩上。”梦露曾对她的小情人说，每个人都喜欢玛丽莲·梦露，可当他们发现我不是玛丽莲·梦露时，他们便失望了。而他，是否真的是那个霸道的、强大的、永远冷静的普京呢？我们是否容许他选择老婆宽阔的肩膀，或者小情人的胸口黯然神伤一会儿呢？

2012年的春天，美国的小镇上，我在湖边餐厅一边吃午餐一边准备期末论文，这时，前方的电视屏幕上突然出现了俄罗斯大选的新闻。在普京第三次当选总统后不久，上万人游行，抗议普京操纵选票，叫他“骗子”。他们手中嘲讽的标语竟让我有些心痛。我替他辩解，反对党召集1万人也不能说明什么呀，他当选当日还有超过10万的支持者集会祝贺呢。镜头里，当选时的普京终于流了泪，“感谢那些祝福伟大俄罗斯的人们。我想问你们，我们会胜利吗？我们胜利了！”

回到上海又见到电视男生，他已是个小有成就的生意人。几日后他再约喝茶，我答：不要浪费时间了。他依旧是那副口吻：再浪费点试试看。普京继续抨击美国是世界经济的寄生虫，继续带着俄罗斯在现代化道路上狂奔。

别问我到底对普京的霸道还是美国的霸道更讨厌一些，亦左亦右，我并无立场。人类学不仅叫我无法认同“现代化”是民族必需的玩意儿，甚至让我对爱情的理解也越发模糊。只是，但愿普京活得快乐。

跋：我们拿爱没什么办法

翁倩 _“梦中情人”栏目编辑

《南方人物周刊》的选题会素来自由，说到哪儿算哪儿。有趣的是，很长时间里无论聊什么，总以“爱情婚姻家庭”话题作结，但编辑部大多数老师可是反对一夫一妻婚姻制的！一次，大概是谈起时下飙高的离婚率和身边净身出户的案例，坐在后排的腼腆的实习老师竟吓得狠狠倒吸了几口气！

又一次，聊起各自的偶像，主编徐列跟大家分享了一个故事。80年代初，读大二的他去桂林旅游，在电影院第一次看了《罗马假日》。故事无疑动人，但更加撞击心灵的，是奥黛丽·赫本的美。那时电影资源匮乏，国外好片更是求之不得。“这么美好的东西我们怎么看不到？”从那时起，但凡看到赫本的片子或新闻，他都会停留。

当天的讨论从选题会延伸至饭局，“梦中情人”栏目因此有了雏形。在我的理解中，假如记忆能被分类存放，“梦中情人”大概是住在第一千零一个房间的故事。这类故事，不动情不好讲，太煽情讲不好。最初有点忐忑，怕栏目无法持续，于是发出了数百份邀约，赫本的故事也被我分享给了很多人，如高群书、马原、马家辉和绿妖。跌跌撞撞的，每期1200字的篇幅，“梦中情人”竟偷听了近百段关于羁绊和安慰的心事。

来“梦中情人”做客的不乏名人。面对所爱，竟同样恭敬和谦卑，折射出命运的某种平等。有趣的是，当中不少人竟因偶然相遇，有了后来的职业转向，甚至与曾经的“梦中情人”有了回忆之外的联系——苏阳因张蔷抱起了吉他；程青松因龚雪爱上电影后考上了电影学院；贾选凝在台北喝了林鸿铭太太亲手煮的咖啡；黄佟佟则成为了记者——不知她有没有坐到偶像面前，反正我是这么做了。

出现在这个专栏的偶像，大多是熟悉的名字，小部分正如日中天，更多则已淡出公众视野。他们曾站在舞台中央，塑造过一代人的文化气质，又随着时代的速朽成为记忆。他们能成为“梦中情人”，无疑有时代的因素。在文化资源相对匮乏的60后、70后眼里，他们是刘晓庆、高仓健和佐罗；对于80后来说，他们来自港台和岛国；至于更年轻的一代，沐浴在多元化的阳光下，荷尔蒙像潮水一样席卷着各种音乐节和选秀场所，偶像的记忆往往还未成形，就被冲刷得差不多了。

看完这本集子，你大概会有这样的感觉：在迷恋偶像的年龄，没人懂爱，“梦中情人”所写，终究是一种幻觉。一入江湖岁月催，谁都会忘记谁，会逐渐成熟，学会分寸，知道扑上去会摔倒，也不再为长期得不到的事物耗费精力。庸常中，那些记忆里的幻觉反倒成为生活中的安全地带，尽管它转瞬即逝，却绵延不尽。偶尔想起，会嘴角一翘。这也不赖。

赫本的故事还没讲完，两年前，徐列主编去欧洲旅游，首站选了罗马——那个因赫本而神圣起来的城市。罗马随处可见赫本的海报，仿佛她从未离开。在西班牙广场的雪糕车前，徐老师为太太拍了张照片，那是赫本曾经站立的地方。一瞬间，他仿佛和30年前的记忆重逢。